JOHANNES BRAHMS

IN
SELBSTZEUGNISSEN
UND
BILDDOKUMENTEN

—

DARGESTELLT

VON

HANS A. NEUNZIG

ROWOHLT

Dieser Band wurde eigens für «rowohlts monographien» geschrieben
Den Anhang besorgte der Autor
Herausgeber: Kurt Kusenberg · Redaktion: Beate Möhring
Schlußredaktion: K. A. Eberle
Umschlagentwurf: Werner Rebhuhn
Vorderseite: Johannes Brahms im Garten seines Wiener Heims, 1893
(Staatsbibliothek, Berlin)
Rückseite: Brahms auf dem Weg in sein Stammlokal «Zum roten Igel»
(Staatsbibliothek, Berlin)

Veröffentlicht im Rowohlt Taschenbuch Verlag GmbH,
Reinbek bei Hamburg, März 1973
© Rowohlt Taschenbuch Verlag GmbH, Reinbek bei Hamburg, 1973
Alle Rechte an dieser Ausgabe vorbehalten
Satz Aldus (Linofilm-Super-Quick)
Gesamtherstellung Clausen & Bosse, Leck/Schleswig
Printed in Germany
ISBN 3 499 50197 x

INHALT

Lange bevor Soziologen und Verhaltensforscher es nachwiesen, wußte man es im Grunde schon, wie stark Zeit und Milieu die Entwicklung eines Menschen beeinflussen. Es gab und es gibt einen sehr einfachen Ausdruck dieses Wissens, wenn man sagt: «Er war ein Kind seiner Zeit.» (Jedermann ist ein Kind seiner Zeit, gerade der Künstler, dem es sogar gegeben ist, ohne daß ihn seine Mitwelt deshalb unbedingt begreifen müßte, dem Lebensgefühl seiner Zeit Ausdruck zu geben.)

Johannes Brahms, 1833 geboren und 1897 gestorben, war in jedem Sinn ein Sohn des 19. Jahrhunderts. Die wichtigsten Jahre seiner Entwicklung und seines Schaffens fallen in die zweite Hälfte dieses Jahrhunderts, die Zeit des bürgerlichen Individualismus, die in der «Gründerzeit» ihrem Höhepunkt zustrebte.

«Gründerzeit» – das klingt nach Profitgier, Renommiersucht und kalter Pracht, aber es manifestiert sich in ihr ein unerhörter Leistungswille, der dem künstlerischen Anspruch und Ehrgeiz eines Brahms oder anderer Künstler dieser Zeit nahekommt. «Bei Velazquez hebt Justi immer wieder rühmend hervor, daß er keinerlei Konzessionen an Menge und Gewinn machte und alles darauf abstellte, sich und seine Kunst zu höchster Vollendung zu steigern . . . Dem entspricht auf musikalischem Gebiet der machtvoll gesteigerte Anspruch, mit dem Brahms an seine großen Orchesterwerke ging, die fast alle in die siebziger Jahre fallen. Wie bei Meyer, Feuerbach, Marées hat auch die Hochstimmung dieses Jahrzehnts einen deutlich entbindenden Charakter. Monumentale Werke, wie die schon zwanzig Jahre vorher konzipierte 1. Symphonie kommen endlich zum Abschluß (1876), werden sofort als ‹klassisch› empfunden und von Bülow als die ‹Zehnte› bezeichnet, das heißt die erste bedeutende Symphonie seit Beethoven.» [1]*

Jener Leistungswille, der vom primitiven Profitstreben bis zu Nietzsches «Übermenschen» reicht, ist Ausdruck einer Epoche, die von der neuen Bourgeoisie beherrscht wurde. Was wir heute etwas abschätzig «Bildungsbürgertum» nennen, war ja zunächst eine durchaus emanzipatorische Sache. «Das höhere Streben» war mehr als «ein schöner Zug», Brahms selbst legt rührend Zeugnis dafür ab: *Ich lege all mein Geld in Büchern an, Bücher sind meine höchste Lust, ich habe von Kindesbeinen an soviel gelesen, wie ich nur konnte, und bin ohne alle Anleitung aus dem Schlechtesten zum Besten durchgedrungen. Unzählige Ritterromane hab ich als Kind verschlungen, bis mir die «Räuber» in die Hände fielen, von denen ich nicht wußte, daß ein großer Dichter sie geschrieben; ich verlangte aber mehr von demselben Schiller und kam so aufwärts.* [2] So der zwanzigjährige Brahms, der sich im Stolz des Autodidakten, *ohne alle Anleitung* und mit dem Leitmotiv seines Jahrhunderts, dem «Aufwärtskommen», wahrhaft als ein Kind seiner Zeit erweist.

Über die Beziehungen zwischen Kunst und gesellschaftlicher Struktur hat, was den Bereich Musik und Gesellschaft angeht, Wilfried Mellers [3]

---

* Die hochgestellten Ziffern verweisen auf die Anmerkungen S. 121 f.

einige wesentliche Daten und Überlegungen beigetragen. Er stellt dar, wie sich die allmähliche Auflösung der Feudalherrschaft in der Musik wiedererkennen läßt, beginnend bei Rameau (1683–1764), dessen Kompositionen schon das breite Pariser Publikum ansprechen sollten. In der Tat läßt sich das Orchester als Abbild demokratischer Ideale fassen, und in gesteigertem Maße das Streichquartett. Mit ihm «zieht Musik aus Kirche und Hof in die Wohnung um»[4]. Während Mellers Haydn (1732–1809) als Beispiel einer latenten, unbewußten Revolutionshaltung darstellt, sieht er Mozart (1756–91) schon in der Auseinandersetzung zwischen Individuum und Gesellschaft: «Er [Mozart] sah das Klavierkonzert als Zweiheit in der Einheit – unbewußt faszinierte ihn daran, daß es die Trennung des Individuums (Solo) von der Gesellschaft (Orchester) allegorisch auszudrücken erlaubte. Doch wächst aus dieser Trennung eine neue Ordnung . . . Die Kultur stellte Mozart in seinen Konzerten nur in Frage, um sie zu schützen, sichern zu können. So blieb er ein klassischer Künstler . . .»[5] Bei Beethoven (1770–1827) ist der revolutionäre Wille völlig offenbar. «Selbstverständlich besteht ein Zusammenhang zwischen Beethovens Musik und der französischen Revolution . . . Beethoven wollte den Wechsel, den Umschwung von Anfang an.»[6] «Mein Adel ist hier und hier . . .!» sagt er und deutet dabei auf Kopf und Herz.[7] Für Brahms bedarf es dieser Auseinandersetzung nicht mehr. Er hatte es gerade noch mit drei «Residenzen» zu tun, oberflächlich mit der Hannoverschen, wo man sich, «nach Bülows Ausspruch, auf die Länge ennuyierte ‹wie ein Mops an der Leine›»[8], und in Detmold, wo er eigentlich wenig Grund hatte – und doch gelegentlich fand –, sich über aristokratischen Hochmut zu ärgern, schließlich in Meiningen, das er als geehrter Gast kennenlernte.

Das Bürgertum hatte sich fest etabliert, und es erhob Künstler zu seinen Fürsten. Es war eine Lust, Anhänger eines Großen zu sein, sich selbst im Applaus für ihn zu feiern. Gefolgschaft, das bedeutete auch Parteiung: Hie Liszt – hie Schumann, hie Wagnerianer und – so merkwürdig es uns heute klingt – hie «Brahminen».

Für Brahms entstand die permanente Auseinandersetzung, die unbefriedbare Unruhe aus dem eigenen Leistungsanspruch. Darin war er so ganz Ebenbild seines Jahrhunderts, dieses Jahrhunderts des Individualismus, und aus dem Widerspruch zwischen der ebenfalls zeittypischen Neigung zu bürgerlicher Geborgenheit und seiner instinktiven Flucht in die unbehauste Freiheit. F. A. E., der Wahlspruch seines Freundes Joseph Joachim, wie E. A. F., die Brahmssche Umkehrung («Frei aber einsam» – «Einsam aber frei»), sind Ausdruck des individualistischen Konflikts.

Wie beinah die gesamte Bürgertum hat sich Brahms von der politischen Auseinandersetzung ferngehalten, er verhielt sich unkritisch. Auf Geborgenheit, das aber heißt auf Anpassung an die bestehenden Machtverhältnisse, hatte sich das deutsche Bürgertum nach der halbherzig geführten und darum verlorenen Revolution von 1848/49 endgültig eingestellt. Der Begriff Freiheit wurde umgemünzt in die kleinen bürgerlichen Freiheiten. Die Politik blieb in den Händen der «Fachleute». Bismarck, das war der Mann, der das «Machbare» fertigbringen würde: das alte System, aber die Einheit, nicht die große, die Österreich eingeschlossen hätte, aber die kleindeutsche immerhin.[9]

Im Revolutionsjahr 1848 gab Brahms sein erstes Konzert (am 21. September). In Hamburg herrschte die Cholera, in Frankfurt fanden am Tag dieses Konzerts Straßenkämpfe statt. Was man Brahms als Kind über die «Franzosenzeit» in Hamburg erzählt hatte, muß in ihm nachgewirkt haben; wiederum mit fast dem gesamten Bürgertum verfällt er patriotischem Pathos, dem seines *Triumphliedes*. Für dieses Werk wie für alle heroischen Kunstwerke dieser Zeit von einiger Bedeutung ist es bemerkenswert, daß sie ihren Stoff nicht aus der Zeit selbst, sondern aus der Antike (Feuerbach) oder, im Falle des *Triumphliedes*, aus der Bibel nehmen.[10]

Es sieht nach einer beinahe grotesken Diskrepanz aus, wie die individualistische, persönliche Unruhe, die zwischen Formbewußtsein und Gefühlsdynamik gärt, ein politisches Weltbild von scheinbarer Eindeutigkeit zuläßt. Brahms schreibt an «seinen» Kaiser[11]:

Allerdurchlauchtigster, Großmächtigster, Allergnädigster Kaiser und Herr!

Die Errungenschaften der letzten Jahre sind so groß und herrlich, daß es demjenigen, dem es nicht vergönnt war, die gewaltigen Kämpfe für Deutschlands Größe mitzukämpfen, um so mehr ein Herzensbedürfnis sein muß zu sagen und zu zeigen: wie beglückt er sich fühlt, diese große Zeit erlebt zu haben.

Durchaus gedrängt von diesen lebhaften Gefühlen des Dankes und der Freude, habe ich versucht ihnen in der Komposition eines Triumphliedes Ausdruck zu geben.

Meine Musik ist auf Worte aus der Offenbarung Johannis gesetzt, und wenngleich wohl nicht zu verkennen, was sie feiern soll, so kann ich doch den Wunsch nicht unterdrücken, durch ein äußeres Zeichen, womöglich durch die Vorsetzung des Namens Eurer Majestät, die besondere Veranlassung und Absicht dieses Werkes zu nennen.

So wage ich denn ehrfurchtvollst die Bitte auszusprechen, Eurer Majestät das Triumphlied bei seinem Erscheinen im Druck verehrend zueignen zu dürfen.

Euer Kaiserlichen und Königlichen Majestät alleruntertänigster Johannes Brahms»

Viel später, im «Drei-Kaiser-Jahr» (1888), gerät Brahms als deutscher Patriot in ernsthaften Streit mit seinem alten Freund, dem Schweizer Schriftsteller Joseph Viktor Widmann. In seinem patriotischen Überschwang wird er sogar zum Apologeten Bayreuths.

Aber so übt man eben Kritik über alles, was aus Deutschland kommt. Die Deutschen selbst aber gehen darin voran. Das ist in der Politik wie in der Kunst so. Wenn das Bayreuther Theater in Frankreich stände, brauchte es nicht so Großes wie die Wagnerschen Werke, damit Sie ... und alle Welt hinpilgerten und sich für so ideal Gedachtes und Geschaffenes begeisterten. Hätte ein Gambetta oder Garibaldi über den Elsaß gesprochen, wie jetzt der junge Kaiser, es würde sehr allgemein in den Blättern etwa so lauten:

«Das sind keine Worte, das sind lebendige Flammen, die nicht zu

9

Alt-Hamburg: die Petrikirche. Lithographie von Peter Suhr

löschen sind! Das sind Waffen, denen nicht zu widerstehen! Zurück mit dem Elsaß, nicht bloß das Recht, auch solche Begeisterung verlangt und erzwingt es.»[12]

Gottfried Keller versucht zu besänftigen und redet von «dem Sohn freier Städte, der, nach den ungeheuren Veränderungen der politischen Lage, ‹nach achtzehn kurzen Jahren so pathetisch am Kaiser und dessen Hause hänge, wie es zur alten, großen Zeit kaum je der Fall war›»[13].

«Der Sohn freier Städte» — was hat es damit auf sich bei Brahms? Er war in Hamburg geboren und aufgewachsen. Die einstmals Freie Stadt unterstützte die politische Ahnungs- und Aktionslosigkeit, die man auch Brahms nachsagen muß, nur noch. Mit dieser Frage beschäftigt sich auch der französische Brahms-Biograph Claude Rostand in dem Abschnitt «Le Milieu historique».[14]

«So bleibt es [Hamburg] eine Stadt, die, geschützt durch ihre Verfassung, stets ein wenig außerhalb der politischen Abenteuer Deutschlands im 19. Jahrhundert lebte. Von den Unruhen, die fünfzig Jahre lang, durch Einigungsbestrebungen hervorgerufen, die Deutschen in Bewegung hielten, war in Hamburg kaum etwas zu spüren. Kaum daß im Jahre 1848, während der großen europäischen Umwälzung, die Stadt von einem leichten Fieber ergriffen worden wäre, durch die flüchtenden Ungarn, die sich auf dem Weg nach Amerika befanden; aber nur die Musik scheint darunter gelitten zu haben; tatsächlich klagten die Konzertveranstalter über leere Säle, wogegen die Schiffsmakler sich freuen konnten; bei dem Ansturm von Aufträgen verkauften sich Schiffspassagen auf dem Schwarzen Markt.

In Hamburg herrschte eine beinahe vollständige politische Gleichgültigkeit, teils war sie von oben her verordnet, teils lag es an der wirtschaftlichen Prosperität.»[15]

Kein Zweifel, daß dieses Milieu Brahms in seinem Hang zur Isolation unterstützte, obwohl eingeräumt werden muß, daß in diesem Punkt gerade die Herkunft auch eine wichtige Rolle spielt.

Das Jahrhundert des Johannes Brahms ist aber nicht nur das Jahrhundert des Bürgertums, des auf nichts als auf sich selbst bezogenen, introvertierten Individualismus, es ist – in kunstgeschichtlichen, musikgeschichtlichen, literarhistorischen Kategorien gesehen – das Jahrhundert der ausgehenden Klassik, das Jahrhundert der Romantik und des Realismus.

Es ist erstaunlich, im nachhinein zu verfolgen, wie Brahms, der eine ganz unzureichende Schulbildung erhielt, der, bevor er Hamburg 1853 zum erstenmal verließ, von der Musik der Romantik, vor allem von Schumann (*Erst seit meinem Wegsein aus Hamburg und besonders während meines Aufenthalts in Mehlem* [im Sommer 1853] *lernte ich Schumanns Werke kennen und verehren.*[16]) kaum etwas kannte, sich sicher, sozusagen übergangslos, in diese Welt hineinfand.

Vom jungen Brahms kann Hans Gal sagen: «Der blonde Johannes war ein Romantiker: Novalis, Brentano, E. T. A. Hoffmann, Jean Paul waren seine Götter. Und die Frühwerke, die er Schumann vorlegte, waren Romantik in Reinkultur.»[17] Der starke Einfluß dieser Literatur auf den jungen Brahms wird uns bei der Betrachtung seines Lebensweges wiederbegegnen. In seiner Bibliothek, die nach seinem Tod sorgfältig inventarisiert wurde (am 12. Mai 1897 unterzeichnet von Constantin Kubasta, beeid. Bücherschätzmeister), befanden sich außer einiger Musikliteratur die Werke Goethes, Lessings, Lichtenbergs, Cervantes', Boccaccios, Shakespeares, Tiecks, Byrons und Kellers, dazu Bismarck-Briefe und Bismarck-Reden, viele Bände Gedichtsammlungen, Volksliederbücher, darunter schwedische und «Broadwood English County Songs».

Zum Jahrhundert des Johannes Brahms gehörte der Salon, man könnte sagen: es «herrschte» der Salon. Man verkehrte in den Häusern seiner Freunde, und die Freunde schmückten ihren Salon mit dem Künstler, einem Fürsten von Bürgersgnaden. Auch auf den Bildern von Brahms' letzter, langjähriger Wohnung sieht man eine zurückhaltende Spielart des Salons mit dem rührendsten und dabei einfach typischen Zubehör. Bei der Inventarisierung der Wohnungseinrichtung wurden etwa aufgezählt: «Gipsgruppe Zigeuner und Zigeunerin, Beethoven Statue, bronzefarben, Biscuit Porzellanbüste auf Sockel (Alt Wien, Joseph Haydn), 6 Figuren aus Porzellan (Musikanten), 9 verschiedene Römer.»

Um die Hinterlassenschaft des Johannes Brahms, um die Gültigkeit oder Nicht-Gültigkeit seiner Verfügungen hat es eine lange Auseinandersetzung gegeben, die in diesem Zusammenhang von Interesse ist. Brahms hatte etwas zu vererben. Er ist einer der ersten Komponisten, der sich aus

Verlagshonoraren ein kleines Vermögen zusammensparen konnte. Auch dies ist eine Erscheinung des bürgerlichen Jahrhunderts. Er war nicht mehr auf die «Ehrengeschenke» hoher Gönner angewiesen; es war nicht damit getan, daß man ein Werk bei ihm bestellte und bezahlte. Seine Musik hatte als Abnehmerschaft eine sich verbreiternde Schicht musikalisch gebildeter Bürgerhäuser. Wenn mit dem Streichquartett «die Musik von Kirche und Hof in die Wohnung umgezogen» war, welche musikalische Einquartierung brachte erst das Klavier! Die musikalische Produktion löst sich von der Einzelbestellung, beginnt sich nach einem größeren Markt zu richten. Keine Frage, daß man schon auf dem Weg zum Marktgerechten ist. Die Antwort, die Brahms einer Dame gegeben haben soll auf ihre Frage: «Sagen Sie mir, lieber Herr Brahms, wie fangen Sie es nur an, daß Sie so wundervolle Adagios komponieren? Sie sind wahrhaftig göttlich!» — seine Antwort also: *Ja, sehen Sie, meine Verleger bestellen sie so* [18] ist nur halb ein Scherz. Wie oft wird Brahms beschworen, leichte Sätze für zwei oder vier Hände zu schreiben. Auf der anderen Seite: welch ein Reservoir an Aufnahmefähigkeit und auch Empfänglichkeit für seine Klaviermusik, für seine Lieder.

Das Halbjahrhundert des prosperierenden Bürgertums schuf dem Künstler ein neues Auditorium — mit Chören, zu denen man sich gesellig-freiwillig zusammenfand, ein erweitertes Instrumentarium. Das reiche oder wohlhabende Bürgertum, das dieses Jahrhundert zwar nicht politisch beherrschte, fühlte sich wohl darin, weil es sich sicher glaubte. Es lebte seiner Bequemlichkeit, nicht ungestraft, wie wir es inzwischen gelernt haben. Das große Verehrungsbedürfnis, das diesem Bürgertum innewohnte — auch Gefolgsmann zu sein gibt ein Gefühl von Sicherheit —, wandte sich ganz stark dem Künstler zu. Brahms entfloh dieser bewundernden Fürsorglichkeit immer von neuem, gerade weil er der Bequemlichkeit, der Behaglichkeit zuneigte. Er war in der Tat ein Kind seiner Zeit. Aber er bewahrte sich, aus Künstleregoismus, die Unruhe. Als er es wirtschaftlich längst nicht mehr nötig hatte, gehen seine Wünsche immer noch in die Richtung einer «festen Anstellung»: rückt eine solche Möglichkeit wirklich näher, findet er rasch einen Rückzug. Ähnliches gilt fürs Heiraten. Brahms schwärmt davon, aber er entzieht sich der Bindung. *Ich hab's versäumt*, sagte er zu Widmann. *Als ich wohl Lust dazu gehabt hätte, konnte ich es einer Frau nicht so bieten, wie es recht gewesen wäre ... In der Zeit, in der ich am liebsten geheiratet hätte, wurden meine Sachen in den Konzertsälen ausgepfiffen oder wenigstens mit eisiger Kälte aufgenommen. Das konnte ich nun sehr gut ertragen, denn ich wußte genau, was sie wert waren und wie sich das Blatt schon noch wenden würde ... Aber wenn ich in solchen Momenten vor die Frau hätte hintreten, ihre fragenden Augen ängstlich auf die meinen gerichtet sehen und ihr hätte sagen müssen, «es war wieder nichts» — das hätte ich nicht ertragen.* [19]

Ausflüchte, um der «Behaglichkeit» — ein Lieblingswort von Brahms — zu entrinnen. Manchmal fing sie ihn ein. Die letzten zehn Jahre seines Lebens, nachdem sozusagen alles erreicht ist: Anerkennung — Angenommen- und Aufgehobensein — bringt im Grunde nur noch den staunenswerten schöpferischen Aufschwung der *Vier ernsten Gesänge*. Brahms starb,

Johannes Brahms als Zwanzigjähriger. Zeichnung von Laurens, 1853

ein berühmter Meister, ein Musikpapst, der seinen Gegenpapst gehabt hatte. Mit allem Pomp, wie ihn seine Zeit, die Gründerzeit, liebte, wurde er, der wirklich wie ein schlichter Bürger gelebt hatte, zu Grabe getragen.

«Brahms würde gelacht haben, wenn er die mit Federhüten, Mänteln und Degen einherschreitenden Hidalgos gesehen hätte, die ihn die ausgetretene Stiege auf die Straße hinuntertrugen, wo der gläserne Galawagen mit einem Vorspann von sechs panaschierten Rappen seiner warteten. Die Kränze der Stadt Hamburg und der Stadt Wien bedeckten den Sarg.»[20]

Seine Zeit setzte ihm Denkmäler, ihr Bürger Brahms war durch sein Werk längst Weltbürger geworden.

Durch die Betrachtung der Umwelt ist die Frage nach der Herkunft nicht überflüssig geworden. Die Geschichte von Brahms' Herkunft ist wie aus dem Bilderbuch geschnitten. Die Brahms waren eine weitverzweigte niedersächsisch-norddeutsche Familie. Der Urgroßvater des Komponisten war Tischler und Stellmacher in Brunsbüttel, dessen Sohn, also der Großvater, zog über Meldorf und Wöhrden schließlich nach Heide. Sein ältester Sohn, Peter Heinrich Brahms (der Onkel des Komponisten), sollte den Gemischtwarenladen übernehmen. Der Dichter Klaus Groth erinnerte sich, als er längst ein Freund des Komponisten war, an die Familie Brahms in Heide: «Meine erste musikalische Beziehung zur Familie Brahms war die, daß ich versuchte, einem Vetter von ihm eine Piccolo-Flöte abzukaufen, was mir auch gelang, aber sehr schwer wurde. Denn der Preis war sehr hoch und der Verkäufer sehr zähe, aber meine Überredungskünste, die mehrere Abende auf unsern Spielplätzen andauerten, siegten. Ich erhielt das ersehnte Instrument, das erste musikalische, das in meinen Besitz gelangte, für mein ganzes Vermögen, ich meine, es waren vier Schillinge (dreißig Pf.). Ich mochte damals acht bis neun Jahre alt gewesen sein, Peter Brahms etwas jünger.

Sein Vater wohnte – in dem Städtchen Heide, dem Hauptorte Dithmarschens von damals 5000 Einwohnern – nicht weit von meinem Elternhause irgendwo in einer Mietswohnung und betrieb einen Handel, womit blieb mir unbekannt, vielleicht mit Steingut und Porzellanwaren, Küchen- und Hausgerät, denn er wurde auf seine alten Tage ein Antiquitätenkrämer, der sein Geschäft mit Leidenschaft, oft rücksichtslos für seinen Vorteil betrieb – wie uns dergleichen Leute mitunter in Romanen beschrieben sind . . .»[21]

Der jüngere Sohn Johann Jacob (der Vater des Komponisten), geboren am 1. Juni 1806 in Heide, besorgte etwas, das er dem Sohn sozusagen ersparte, er besorgte den «Ausbruch» in die künstlerische Betätigung. Für den Komponisten sollte es sich als prägend erweisen, daß dieser Ausbruch ins künstlerische Handwerk ging. Vater Brahms erhielt 1825 seinen Lehrbrief: «Ich Theodor Müller privilegierter und bestallter Musicus zu Weslingburen in der Landschaft Norderdithmarschen attestiere hiemit, daß Johann Brahmst aus Heide drei Jahre bei dem Stadt-Musicus in Heide und zwei Jahre bei mir in der Lehre gestanden, um die Instrumental-Music zu erlernen. Da sich nun erwähnter Johann Brahmst während der Lehrzeit treu, wißbegierig, fleißig und gehorsam gegen mich bezeuget hat, so erkläre ich hiemit seine Lehrjahre für überstanden und geendet, und spreche ihn deshalb frei und los. Ich zweifle nicht, es werden nicht allein Kunstverwandte, wie auch alle anderen, denen dieser offene Brief vorgezeigt wird, meinem auf Wahrheit gegründeten Zeugnisse völligen und guten Glauben beimessen, sondern auch benannten Johann Brahmst in der Hinsicht alle Unterstützung und ein geneigtes Wohlwollen zufließen lassen, es sei in oder außerhalb Diensten, welches in ähnlichen Fällen zu erwidern für schuldig erachte. Zur Urkunde dessen habe ich diesen Lehrbrief nebst erbetenen Zeugen unterschrieben und ausgehändigt. – So geschehen Weslingburen den 16. Dezember 1825. Theodor Müller als Lehrherr.»[22]

Vater Brahms, damals ein junger Mann von neunzehn Jahren, ging nach Hamburg, er spielte Flügelhorn in den Tanzlokalen des Hamburgerberges, später St. Pauli genannt, mit Glück bekam er eine Hornisten-Stelle bei der Bürgerwehr, eignete sich mit viel Fleiß die Kunst des Kontrabaßspielens an, und er spielte den «Kunterbaß» schließlich im Konzertpavillon an der Alster. Musik war ein Handwerk, Vater Brahms redete denn auch wie ein Handwerksmann: «Herr Kapellmeister, dat is min Kunterbaß, da kann ick so laut up spielen as ick mag» oder «Herr Kapellmeister, en reinen Ton up den Kunterbaß is en puren Taufall». Zu belegen sind diese Aussprüche nicht, sie werden erzählt, seit man von Brahms spricht. Vater Brahms erwarb 1830 das Hamburger Bürgerrecht und heiratete im selben Jahr Johanna Henrika Christina Nissen, ihm an Alter um siebzehn Jahre voraus. Man wohnte schlecht und recht, nach zeitweiser Verbesserung im billigen Gängeviertel – früher führten hier die Wege durch die Gärten –, im 17. Jahrhundert schon war es eng bebaut worden. Dort also in «Schlüters Hof» unter dem «Specksgang» in einer Wohnung aus winzigen Kämmerchen wurde am 7. Mai 1833 Johannes Brahms geboren. Das Haus existiert längst nicht mehr, das Bild davon strahlt mehr Beschaulichkeit aus, als das Gängeviertel damals aufweisen konnte. Der kleine, schmale Johannes hatte wohl manches zu erleiden von den rauheren Genossen dieser Gassen.

Wie kümmerlich es um das öffentliche Schulwesen zu dieser Zeit bestellt war, bekam auch Johannes Brahms zu spüren. Immerhin ging er von seinem sechsten Jahr an regelmäßig in eine Schule. Ein einziges Mal schwänzte er, und im Alter noch spricht er davon als von *dem wüschtesten Tag meines Lebens*[23].

Darüber, daß Johannes Musiker werden würde, bestand überhaupt kein Zweifel, nicht etwa deshalb, weil er musikalische Begabung zeigte, sondern weil der Sohn ganz selbstverständlich das Handwerk seines Vaters erlernen sollte. Da ist es schon wieder, das Wort «Handwerk», und es begegnet uns im Zusammenhang mit Brahms immer wieder. Man hat von Brahms' Musik als einer «wissenschaftlichen» gesprochen, von Brahms als dem «Akademiker»[24], aber man ist Brahms, glaube ich, näher auf der Spur, wenn man von hochentwickelter Handwerklichkeit spricht als von Wissenschaft. Von Kunst reden wir später. Zunächst kam der siebenjährige Johannes Brahms in die Lehre (daneben ging er in die Schule [ganze acht Jahre] und zur «Christenlehre» bei Pfarrer Geffcken, der seine Vorliebe für die alten, unverfälschten Texte der protestantischen Kirchenlieder dem jungen Brahms einzupflanzen verstand) bei Otto Friedrich Willibald Cossel. «Min Johann soll mich so viel lehren als Sie, Herr Cossel, denn weiß hei genug. Hei will ja so gern Klavierspieler werden.»[25] Johannes wurde ein Klavierspieler, und zwar ein vorzüglicher. Cossel kann die Unterbrechung der Ausbildung, die das Angebot einer Art «Wunderkind-Tournee» durch Amerika heraufbeschwört, damit beenden, daß er seinen Schüler einem neuen, berühmteren Lehrer zuführt: Eduard Marxsen, Klaviervirtuose und Komponist. Brahms hat ihm manches zu danken, aber er ist ihm bald entwachsen. Der Jüngling beginnt das zu tun, was der alte

Der Vater: Johann Jacob Brahms

Mann noch tun wird: er geht mit musikalischen Ideen spazieren. 1848 das erste eigene Konzert, 1849 eine musikalische Soirée. Ein erstes eigenes Stückchen: *Phantasien über einen beliebten Walzer.* Max Kalbeck, der Biograph, schreibt zu Recht: «. . . man könnte ohne allzu starke Übertreibung sagen: seine Virtuosenlaufbahn war mit siebzehn Jahren definitiv abgeschlossen.»[26]

Brahms selbst hat auch später recht wenig über diese Zeit geäußert, wie er überhaupt wenig von sich sprechen mochte. Selbst einem Freund wie Hermann Deiters ließ er auf die Frage nach Lebensdaten den folgenden, auch spätere Biographen nicht gerade ermutigenden Brief zukommen. Aus Ischl schrieb er am 8. August 1880: *Ich weiß wirklich durchaus keine Daten und Jahreszahlen, die mich angehen; hier aber kann ich natürlich auch nicht versuchen, in alten Briefen usw. nachzusehen. Danach brauche ich freilich nicht noch zu sagen, daß ich ungern von mir spreche, auch*

17

ungern mich persönlich Angehendes lese. Vortrefflich fände ich es, wenn jeder Künstler, groß oder klein, ernstlich vertrauliche Mitteilungen machen möchte – ich komme nicht dazu, aber es ist schade! . . . Ich weiß ja auch, daß es für Ihren Zweck nötig ist, nur kann ich mit dem besten Willen auch Ihre einzelnen Fragen nicht beantworten. Außer J. B., geb. 1834 zu Altona am 7. März (nicht, wie öfter angegeben, 7. Mai 33 zu Hamburg), so lese ich oft zu meinem Pläsier, und das Eingeklammerte ist richtig . . . Der hübsche Garten in Bonn heißt aber wohl Ermenkeil? Könnt's nicht auch Kley gewesen sein? Aber Ermenkeil oder Kley, Detmold oder Bückeburg – wenn ich Ihnen nicht etwas sehr Schönes und Ernsthaftes erzähle, kommen mir meine Noten doch immer etwas interessanter vor! . . .[27] Diese geringe Neigung, von sich selbst zu sprechen, hängt natürlich mit der vielberufenen norddeutschen Herkunft zusammen. Es ist das, was Claude Rostand, Robert Minder zitierend, den «regionalen Koeffizienten»[28] bei Brahms nennt.

Es ist die gelegentlich etwas aufgebrachte Schweigsamkeit, die Brahms, auch nachdem er jahrelang in Wien gelebt hat, nie überwindet. Dazu gehört eine ihm angeborene Schüchternheit, die aus derselben Quelle stammt. Da er ihrer nie Herr werden kann, umgibt er sie, gerade in späteren Jahren, mit einem Panzer von Grobheit, in der Hoffnung, so aus der Not eine Tugend zu machen. *Ich bin hier der unliebenswürdigste aller Musiker*, sagt er im Winter 1888 strahlend zu Florence May. Sagte er es nicht auch, damit man ihm das Gegenteil versicherte? Florence May jedenfalls tut es prompt: «Das werde ich nie glauben, Herr Brahms – niemals!» Und Brahms war «offenbar zufrieden» mit dieser Antwort.[29] Mit der norddeutschen Schwermut Brahms' hat man es gelegentlich übertrieben, bis in die Interpretation seiner Werke hinein, aber wahr ist doch, daß er das Gegenteil von dem war, was man «leichtlebig» nennt. Er liebte die Geselligkeit, wie es sein ganzes Zeitalter tat, aber er floh in die Einsamkeit; er sehnte sich nach Freunden, aber wie leicht verletzte der so leicht Verletzliche. *Dir brauche ich nicht auseinanderzusetzen, wie man die beste, vortrefflichste Meinung von unseren Freunden haben kann, und doch seine Ursache, innigeren, vertraulichen Umgang zu meiden. Ob ich zu philiströs, zu einseitig bin, ob ich bei Ja und Nein mehr entbehre – ich meine, Du kannst an meiner Stelle weiter empfinden und denken . . . Jedenfalls aber schreibe von Dir und was Dich angeht. Niemand hört es mit innigerer Teilnahme als Dein J. Brahms.*[30]

Darin steckt der ganze Brahms, er *meidet innigeren, vertraulichen Umgang,* er läßt sich kaum ein paar Worte über seine inneren Zweifel entreißen, aber da lädt er den Freund schon wieder ein, von sich selber zu erzählen.

Das alles hat zweifellos auch für Brahms' Musik Bedeutung; in seiner eigentümlichen Scheu, sich auszusingen, liegt die Entsprechung. Aber ebenso wie es die großen Brahmsschen Melodien gibt, ist sein Leben, dank der Zeit, in der er lebte, und dank der Umwelt, die er sich suchte, begleitet von Freundschaften, in und über der Ebene der Gefolgschaft für den «Meister», wie sie an Dauer und Intensität heute sehr ungewöhnlich wären. *Ich bin gewohnt, freundschaftliche Verhältnisse sehr ernst und sehr einfach*

Ansicht der Röper-Bahn, des Erfrischungs-Pavillons ünd eines Theils von Altona und des Hamburgerbergs, von dem Müllern Thore aus.

Reeperbahn, Altona und Hamburgerberg. Stich von Wolf

zu nehmen, und ich weiß, was es heißt und wie schwer es ist, ein so inniges Verhältnis . . . überhaupt und ungetrübt zu erhalten.[31]

Auch ihm ist das *ungetrübt erhalten* nie gelungen. Aber sein Weg in die Welt beginnt mit Freunden und führt sehr schnell zu d e r Freundschaft und wahrscheinlich doch auch d e r Liebe seines Lebens.

Einmal, sehr spät, in seinem letzten Lebensjahr, spricht Brahms von seiner Kindheit und Jugend, die hart genug gewesen war: *Und ich habe es doch ganz gut vertragen; ja ich möchte diese Zeit der Dürftigkeit um keinen Preis in meinem Leben missen, denn ich bin überzeugt, sie hat mir wohlgetan und war zu meiner Entwicklung nötig.*[32] Aufschlußreich aber ist in der Tat, was – wie es auch der Wiener Musikhistoriker Franz Grasberger[33] in diesem Zusammenhang zitiert – Brahms über den mit ihm sehr befreundeten, heute so gut wie vergessenen Komponisten Ignaz Brüll äußert: «Er ist gewiß eines der echtesten Musiktalente unserer Stadt, und ihm wurde eine solche Fülle beneidenswert müheloser Erfindung und wahrhaft melodiöser Einfälle gegeben, daß drei unserer haushälterischen Komponisten ihre Themen-Sparbüchse damit hätten füllen können; aber wer weiß, was er nicht erreicht hätte, wenn sein Leben kein so glattes und

19

widerspruchslos dahinfließendes gewesen wäre. Dem hätte ein bißchen
Kampf ums Dasein gut getan und ihn wohltätig zu intensiverer Energie
aufgerüttelt. Dieses glatte Dahinfließen haben alle seine Werke, und er
setzt seinen besonderen Stolz darein, zu singen, wie anderen der Schnabel
gewachsen . . . aber hier hätten wohl Drangsal und zwingende Not jenes
unbeschreibliche Etwas ausgelöst, das die anmutige Idylle vor Monotonie
bewahrt und durch das erst hinreißende Wirkung entstehen kann . . .[34]

«Die Freunde behaupteten: die Natur habe bei seiner Organisation ein neues Rezept versucht, und der Versuch sei mißlungen, indem seinem überreizbaren Gemüte, seiner bis zur zerstörenden Flamme aufglühenden Fantasie zu wenig Phlegma beigemischt und so das Gleichgewicht zerstört worden, das dem Künstler durchaus nötig sei, um mit der Welt zu leben und ihr Werke zu dichten, wie sie dieselben, selbst im höhern Sinn, eigentlich brauche. Dem sei wie ihm wolle – genug, Johannes wurde von seinen innern Erscheinungen und Träumen, wie auf einem ewig wogenden Meer dahin – dorthin getrieben, und er schien vergebens den Port zu suchen, der ihm endlich d i e Ruhe und Heiterkeit geben sollte, ohne welche der Künstler nichts zu schaffen vermag. So kam es denn auch, daß die Freunde es nicht dahin bringen konnten, daß er eine Komposition aufschrieb, oder wirklich aufgeschrieben unvernichtet ließ. Zuweilen komponierte er zur Nachtzeit in der aufgeregtesten Stimmung; er weckte den Freund, der neben ihm wohnte, um ihm alles in der höchsten Begeisterung vorzuspielen, was er in unglaublicher Schnelle aufschrieben – er vergoß Tränen der Freude über das gelungene Werk – er pries sich selbst als den glücklichsten Menschen, aber den andern Tag – lag die herrliche Komposition im Feuer.»[35]

Der Johannes, von dem in diesem Text erzählt wird, ist natürlich nicht Johannes Brahms; dennoch fühlte er sich so. In jugendlicher Schwärmerei und wahrhaft romantischem Übermut unterschrieb er seine Briefe an Freunde gelegentlich mit *Johannes Kreisler jun.*[36]. Ein romantisches Lebensgefühl bestimmte sein Wesen in diesen jungen Jahren, führte ihn in sein ganz persönliches Fegefeuer der Romantik. Nach dieser Epoche seines Lebens, die mit dem «Aufbruch in die Welt» beginnt und mit dem Verzicht auf Clara Schumann endet, wird er ein anderer sein. Noch ist er ganz «der romantische Charakter, wie er träumerisch, die Augen in den Wolken, durch die Werke Tiecks und seiner Gefährten wandert . . . Was ihm fehlt, ist Festigkeit und Harmonie, aber er hat, wenn man den Berührungspunkt des Unbewußten und Bewußten so nennen darf, Seele. Er hat einen Körper, in dem das ausgelassene Herz bald zu geschwinde, bald zu träge klopft, ein Gesicht, aus dem uns suchende, ahnende Augen voll Geheimnis ansehen.»[37] Die Unzufriedenheit mit dem eigenen Werk, die für den Künstler der Romantik besonders typisch ist, hat sich Brahms sein Leben lang bewahrt; in seinem Testament schreibt er: *Ebenso wünsche ich, daß alles, was ich Handschriftliches (Ungedrucktes) hinterlasse, verbrannt werde. Hierfür sorge ich nun, namentlich was Noten angeht, bestmöglich selbst; Sie werden wenig finden, an dem Sie meinen Wunsch erfüllen können.*[38]

Der «Aufbruch in die Welt» geschieht gemeinsam mit einem Reisegenossen, den Brahms zunächst einfach bewundert haben muß, weil er aus einer ganz anderen Sphäre des Musikalischen kam, weil ihm für den ernsthaften, schwärmerischen blonden Hamburger geradezu etwas Exotisches anhaftete. Es war der Geiger Eduard Reményi, dessen Ausspruch: «Werde ich haite Kraitzer-Sonate spielen, daß sich Haare fliegen!»[39] nahezu in allen Brahms-Biographien mit mehr oder weniger Indignation und mehr

Der junge Brahms

oder weniger verhohlener Freude zitiert wird.

Ein Verdienst kann man Reményi auf keinen Fall absprechen: Er vermittelte Brahms die Bekanntschaft des Geigers Joseph Joachim; eine Bekanntschaft, die zu einer lebenslangen Freundschaft wurde, auch sie blieb nicht ungetrübt, war aber auf jeden Fall entscheidend für beider Entwicklung. Die erste Begegnung fand 1853 in Hannover statt. Über Winsen, Lüneburg, Uelzen und Celle hatten sich Brahms und Reményi hindurchkonzertiert. Brahms trug schon Selbstkomponiertes im Gepäck. In Hamburg hatte er zum Broterwerb leicht spielbare Phantasien unter dem Pseudonym G. W. Marks geschrieben, benutzte auch andere Pseudonyme und vor allem hohe Opuszahlen; für das, was er für gut hielt oder jedenfalls als «sein eigen» anerkennen mochte, wählte er das Pseudonym Karl Würth. Joseph Joachim, nur zwei Jahre älter als Brahms, war schon damals ein berühmter Virtuose. Brahms hatte fünf Jahre vor ihrer Begegnung

Joachim in Hamburg Beethovens Violinkonzert spielen hören. Inzwischen war Joachim königlicher Konzertmeister in Hannover geworden. Hier ist also einer der Höfe, die Brahms kennenlernte. Reményi und Brahms spielten auch vor König Georg V. Beinahe wären die beiden jungen Leute mit «Polizeigewalt» abgeschoben worden, denn man hielt den Ungarn für einen Revolutionär.

Die erste Begegnung zwischen Brahms und Joachim war das, was man eine Sternstunde nennen möchte. «Brahms ist ein ganz ausnahmsweises Kompositionstalent und eine Natur, wie sie nur in der verborgensten Zurückgezogenheit sich in vollster Reine entwickeln konnte; rein wie Demant, weich wie Schnee», schrieb Joachim, und: «In seinem Spiele ist ganz das intensive Feuer, jene, ich möchte sagen, fatalistische Energie und Präzision des Rhythmus, welche den Künstler prophezeien, und seine Kompositionen zeigen schon jetzt so viel Bedeutendes, wie ich es bis jetzt noch bei keinem Kunstjünger seines Alters getroffen.»[40]

Brahms und Reményi treffen mit Joachim gleich darauf in Göttingen zusammen, Joachim meldet sie in Weimar an, wo inzwischen statt des Dichterfürsten ein Musikfürst residierte. Franz Liszt hielt hier Hof, er wohnte in der «Altenburg», einem Haus, das seiner Freundin, der Fürstin Carolyne von Sayn-Wittgenstein zur Verfügung stand; er lebte hier mit ihr und einem ganzen Konzert junger musikalischer Talente. Max Kalbeck, den Brahms-Biographen und, wie man nicht erst seit heute weiß, der übereifrige Apologet alles Brahmsischen, bringt seine Liszt-Antipathie zu einer ausgesprochen witzigen und wahrscheinlich treffenden Schilderung dieser Behausung: «Die Altenburg verband in ihren zwei Stockwerken und zahllosen Zimmern die Kirche mit dem Boudoir, den Prunksaal mit der Bibliothek, das Hotel mit der Wohnung, das Kuriositätenkabinett mit der Werkstatt. Das Ganze präsentierte sich als großartiges Liszt-Museum, dessen merkwürdigstes Objekt der Eigentümer selbst war, und stellte mit der Kollektion aller Huldigungen, die Liszt jemals erfahren, eine permanente riesige Schmeichelei für den Herrn des Hauses dar. Hier konnte er sich wie in hundert Spiegeln von allen Seiten betrachten, überall kam er sich selbst entgegen, und jeder seiner Schritte erweckte in den aufgestapelten Gegenständen schlummernden Beifall . . .»[41]

Liszt empfing Brahms voll Freundlichkeit. Trotz des «Musikstreites», der die beiden später trennte, bewahrten sie einander Hochachtung. *Wer Liszt nicht gehört hat, kann eigentlich gar nicht mitreden.*[42] Liszt spielte sogar, als Brahms, wahrscheinlich aus purer Scheu, nicht ans Klavier wollte, prima vista einige der Kompositionen, die Brahms mitgebracht hatte. Liszt hätte Brahms vielleicht sogar gern an sich gebunden gewußt, aber dem gefiel es nicht (*Ich sah bald ein, daß ich nicht dorthin paßte. Ich hätte lügen müssen, und das konnte ich nicht*[43]), zumal der gemeinsame Weg mit Reményi zu Ende war:

Trüge ich nicht den Namen Kreisler, schreibt Brahms aus Weimar an Joachim, *ich hätte jetzt vollwichtige Gründe, etwas Weniges zu verzagen, meine Kunstliebe und meinen Enthusiasmus zu verwünschen und mich als Eremit (Schreiber?) in die Einsamkeit (eines Bureaus) zurückzuziehen und in stille Betrachtung (der zu kopierenden Akten) zu versinken.*

Brahms und Reményi

    Ja, Liebster, so vollwichtige Gründe, daß mir mein erzwungener Humor jetzt schon ausgeht und ich Ihnen bittre Wahrheit so ernst erzählen muß, wie ich sie empfand.

    Reményi wird von Weimar ohne mich fortgehen, es ist sein Wille, mein Betragen gegen ihn könnte ihm nicht den geringsten Anlaß geben, obgleich ich täglich mehr seine Laune zu ertragen hatte ... Ich kann nicht ohne jedes Resultat nach Hamburg zurück, wo mir doch jetzt am wohlsten wäre mit meinem in c-gis gestimmten Herzen, ich muß mindestens zwei *oder drei meiner Werke verlegt sehen, damit ich meinen Eltern frisch und freudig ins Gesicht sehen kann.*

Herr Dr. Liszt versprach mir, in einem Brief an Härtel meiner zu erwähnen, so daß ich darauf schon hoffen darf; Sie aber, liebster Herr Joachim, möchte ich bitten, die Hoffnung, die Sie mir in Göttingen machten, womöglich zu erfüllen und mich dadurch ins Künstlerleben einzuführen ...[44]

Die Enttäuschung über die Tage in Weimar spricht deutlich aus diesem Brief, vor allem aber der vor Ungeduld zitternde Wunsch, sich zu beweisen, *ins Künstlerleben* eingeführt zu werden. Joachim bringt ihn tatsächlich auf den Weg; auf den Weg in die Welt der Künstler, auf den Weg in die große Krisis von Brahms' Leben und Kunst. Auf Joachims Rat hin unternimmt Brahms die Reise an den Rhein, bevor er zu den Leipziger Verlegern fährt; Joachim kündigt ihn bei Robert Schumann an.

Die Freundschaft mit Joachim hatte ihre sehr gut nachzuvollziehenden Gesetze. Zunächst war es Joachim, der Brahms «einführte». Nicht nur als Virtuose, auch als Komponist war er der Erfahrenere. Es begann ein gemeinsames Wetteifern. Man schickte sich Kompositionsübungen, die der andere korrigieren sollte. Natürlich ist es wieder Brahms, der zur Ausführung dieser Idee drängt. *Dann aber will ich Dich sehr erinnern und bitten, daß wir endlich das so oft Besprochene auch ausführen. Nämlich, uns kontrapunktische Studien zuzuschicken. Alle vierzehn Tage etwa schickt jeder, der andere (in acht Tagen also) dessen Arbeiten zurück mit etwaigen Bemerkungen und eignen und so weiter recht lange, bis wir beide recht gescheit geworden sind. Warum sollten denn wir ganz vernünftigen, ernsthaften Leute uns nicht selbst besser belehren können und viel schöner als irgend ein Pf. es könnte. Antworte aber nicht erst (überhaupt nicht) mit Worten darauf. Schicke mir in vierzehn Tagen die ersten Arbeiten ...*[45] Sogar eine «Strafkassa» richtet Brahms ein, in die der Säumige zahlen muß (und aus der der andere sich Bücher kaufen darf). Diese gemeinsamen Studien nimmt Brahms wie alles, was mit seiner Arbeit zusammenhängt, sehr ernst.

Wie der «Kreiskanon», der im letzten Brief stand, zu seinem Namen kommt, sehe ich nicht ein. Er geht vernünftig in A-dur zu Ende und kann dann natürlich auch in F-dur gespielt werden. Nur der Schlußsatz erlaubt den Eintritt, das ist zu wenig.

Ich habe dasselbe Thema Dir wieder hingeschrieben als Kreiskanon; ich finde so ist es erst einer, nicht wahr? ... Die ganze jugendliche – und nicht nur jugendliche – Sehnsucht nach Anerkennung steckt aber auch in diesem Briefwechsel. *Dein Brief hat mich ganz aufgeregt vor Freude gemacht, mein lieber Joseph. Ich mußte ins Freie laufen, weil ich in der Stube keine Freudensprünge machen mochte ...*[46]

Brahms hielt grundsätzlich viel von Joachims Kompositionen, während immer deutlicher wurde, auch für Joachim selbst, daß er als Komponist nie das erreichen konnte, was er als reproduzierender Künstler in der Tat wie wenige andere zustande gebracht haben muß. Brahms und Joachim bestritten bis in die achtziger Jahre hinein gemeinsame Konzerte. Joachim hat nicht nur jene kontrapunktischen Übungen von Brahms korrigiert und

kritisiert, er hat viele Brahmssche Werke im Entstehen beurteilen können, nicht etwa nur in den Fällen, in denen er Brahms sehr praktischen Rat in der Behandlung der Streichinstrumente geben konnte. Rivalitäten, geboren aus der Empfindlichkeit beider, kamen auf und verschwanden vor dem tiefen Einverständnis beider in der Auffassung von Musik, vom Schöpferischen und vom Interpretatorischen. Das hinderte sie nicht, sich noch 1879 gelegentlich einer gemeinsamen Konzertreise darüber zu streiten, wessen Name als erster auf den Ankündigungen stehen solle. Joachim ist hier schlagfertiger: «Sicher Brahms-Joachim, gelesen werde allerdings so:

Joachim-Brahms»[47]

Der Riß, den diese jahrzehntelange Freundschaft erhielt und der schwer wieder zu schließen war, entstand aus Motiven, die den Menschen Joachim angehen, aber auch den Menschen Brahms. Der Ernst seiner Anschauung, die vor allem anderen, noch vor dem Gefühl der Freundschaft, nach Gerechtigkeit verlangt. Joachims Ehe ging an seiner ins Unnormale gewachsenen Empfindlichkeit und Eifersucht in die Brüche. Brahms nimmt energisch für Frau Amalie Joachim Partei. An Joachim schreibt er, bevor es zum Scheidungsprozeß kam:

Lieber Freund,
Nicht viel, aber ich hatte doch gehofft, Dein Brief möge tröstlicher und hoffnungsvoller klingen als es nun der Fall ist. Er hat mich ernstlich traurig gemacht und kommt nur oft und schwer genug in die Gedanken. Wie vieles vereinigte sich bei Euch, das an ein langes glückliches Zusammenleben glauben ließ. Und nun—! Eine eigentliche ernstliche Ursache ist schwer zu denken; sie ist auch schwerlich vorhanden. (Hier spricht Brahms die eifersüchtigen Anschuldigungen Joachims an.) *. . . allein gewiß kommen zwei Menschen leichter auseinander als wieder zusammen, wie man auch wohl den Verstand leichter verliert als wiederkriegt . . .*[48]

An Amalie Joachim schreibt er sogar einen Brief, den sie freilich, ohne Wissen von Brahms, dem Gericht als Belastungsmaterial gegen ihren Mann oder auch als Entlastungsmaterial für sich vorlegte. *. . . die unglückliche Charaktereigenschaft, mit der Joachim sich und andere unverantwortlich quält.*[49] So verletzt sich Joachim von Brahms abwendet, so gern wendet er sich ihm wieder zu, als er ihm 1883 die *Dritte Symphonie* schickt und ihn wieder mit dem alten Freundesnamen «Jussuf» anredet. Als Brahms auf einer seiner Italien-Reisen in Cremona in der Kirche Sant' Agostino die Statue des heiligen Joachim entdeckt, sagt er: *Das gehört sich, daß Joachim in der alten Geigenstadt seine Ehrensäule hat.*[50]

Joseph Joachim also war es, der Brahms nach seinem wenig glücklichen Weimar 1853 auf die Rheinwanderung schickte; vorher blieben er und Brahms zwei Monate lang in Göttingen zusammen. Joachim hatte an der Göttinger Universität Kollegien über Geschichte und Philosophie belegt, und es läßt sich denken, mit welch großer Aufnahmebereitschaft Brahms, der den schönen Eifer des Autodidakten sein Leben lang bewahrte, an alldem teilnahm. Sie musizierten und konzertierten miteinander. Auf die Rheinwanderung ging der zwanzigjährige Brahms mit dem neuen Gefühl, einen gleichgestimmten, gleichgesinnten Freund zu haben. Und dann der Rhein! Die ganze Romantik fand Brahms nun in dieser Landschaft wieder. Es ist nicht ganz leicht, sich heute die Empfindsamkeit des Zwanzigjährigen von 1853 vorzustellen. Der schwärmerische Ton in Gespräch und Briefen ist immer im Zusammenhang mit dem Übergang zu sehen, den jene Zeit bedingt zwischen dem aufgeregten, vielfach gebrochenen Lebensgefühl der Romantik zu einem neuen Realismus, der noch nicht akzeptiert ist. So gerät vieles ins falsche Pathos, ins süßlich verlogen Klingende, auch wenn der Gefühlsursprung echt ist. Besser als in Worten läßt sich dem Heutigen zutreffend ein Gespür für den Gefühlshintergrund des

Mit dem Geiger Joseph Joachim

Brahms jener Rheinwanderung durch ein Stück Musik vermitteln, das für diese Zeit spricht: die *F-moll-Klaviersonate* (op. 5 Nr. 3).

Auf der Rheinwanderung lernt Brahms den späteren Schumann-Biographen Wilhelm Joseph von Wasielewski kennen. Bei dem musikliebenden Kommerzienrat Deichmann – die musikalischen Kommerzienräte, Ärzte, Apotheker waren eben Ausdruck jener Gründerzeit, in der das Mäzenat von der Aristokratie auf den Bürger überging; und diese bürgerlichen Mäzene waren im guten und anrüchigen Sinn viel «kunstsinniger» als ihre in dieser Hinsicht unbefangeneren Vorgänger –, bei dem musikalischen Kommerzienrat Deichmann also lernte Brahms die Werke Robert Schumanns kennen. Brahms, der seinen E. T. A. Hoffmann in- und auswendig kannte, stellte verblüfft fest, daß die von Jean Paul und E. T. A. Hoffmann inspirierten Jugendwerke Schumanns seine eigene Empfindung und seine formalen Ansprüche spiegelten.

Brahms sucht Robert Schumann in Düsseldorf auf. Das schreibt sich leicht hin und liest sich leichthin. Was es zu bedeuten hat, davon spricht Brahms' Werk; ganz unmittelbar die im bezug auf Robert Schumann komponierten *Variationen für Klavier über ein Thema von Robert Schumann fis-moll* op. 9, das *H-Dur-Trio* op. 8, das viel später (1875) vollendete und veröffentlichte *Klavierquartett Nr. 3 c-moll* op. 60 und, oft zitiert, das *1. Klavierkonzert d-moll* op. 15.

Was soll ich Dir über Schumann schreiben, schreibt Brahms an Joachim, *soll ich in Lobpreisungen seines Genies und seines Charakters ausbrechen . . .*[51] Schumann seinerseits schreibt an Breitkopf und Härtel: «Es ist hier ein junger Mann erschienen, der uns mit seiner wunderbaren Musik auf das allertiefste ergriffen hat und [wie] ich überzeugt [bin], die größeste Bewegung in der musikalischen Welt hervorrufen wird.»[52]

Aber Schumann tut noch mehr, tut etwas, das den Namen Brahms unter musikinteressierten Menschen, vor allem aber in der Fachwelt, mit einem Schlag bekannt macht. Er tut es mit einem Enthusiasmus, der selbst damals, als man große Worte gewohnt war, zuallererst Skepsis weckte. Am 28. Oktober 1853 erschien unter dem Titel «Neue Bahnen», gezeichnet «R. S.», in der «Neuen Zeitschrift für Musik» der berühmteste Brahms-Artikel aller Zeiten: «Es sind Jahre verflossen – beinahe ebensoviele als ich der früheren Redaktion dieser Blätter widmete, nämlich zehn – daß ich mich auf diesem an Erinnerungen so reichen Terrain einmal hätte vernehmen lassen. Oft, trotz angestrengter produktiver Tätigkeit, fühlte ich mich angeregt; manche neue, bedeutende Talente erschienen, eine neue Kraft der Musik schien sich anzukündigen, wie dies viele der hochaufstrebenden Künstler der jüngsten Zeit bezeugen, wenn auch deren Produktionen mehr einem engeren Kreise bekannt sind. Ich dachte, die Bahnen dieser Auserwählten mit der größten Teilnahme verfolgend, es würde und müsse nach solchem Vorgang einmal plötzlich einer erscheinen, der den höchsten Ausdruck der Zeit in idealer Weise auszusprechen berufen wäre, einer, der uns die Meisterschaft nicht in stufenweiser Entfaltung brächte, sondern, wie Minerva, gleich vollkommen gepanzert aus dem Haupte des Kronion entspränge. Und er ist gekommen, ein junges Blut, an dessen Wiege Grazie und Helden Wache hielten. Er heißt J o h a n n e s B r a h m s, kam von Ham-

Robert Schumann. Daguerreotypie, 1850

burg, dort in dunkler Stille schaffend, aber von einem trefflichen und begeistert zutragenden Lehrer gebildet in schwierigsten Satzungen der Kunst, mir kurz vorher von einem verehrten bekannten Meister empfohlen. Er trug, auch im Äußeren, alle Anzeichen an sich, die uns ankündigen: das ist ein Berufener. Am Klavier sitzend, fing er an, wunderbare Regionen zu enthüllen. Wir wurden in immer zauberischere Kreise hineingezogen. Dazu kam ein ganz geniales Spiel, das aus dem Klavier ein Orchester von wehklagenden und laut jubelnden Stimmen machte. Es waren Sonaten, mehr verschleierte Sinfonien – Lieder, deren Poesie man, ohne die Worte zu kennen, verstehen würde, obwohl eine tiefe Gesangmelodie sich durch alle hindurchzieht – einzelne Klavierstücke, teilweise dämonischer Natur von der anmutigsten Form, – dann Sonaten für Violine und Klavier, – Quartette für Saiteninstrumente, – und jedes so abweichend vom andern, daß sie jedes verschiedenen Quellen zu entströmen schienen. Und dann schien es, als vereinigte er, als Strom dahinbrausend, alle wie zu einem Wasserfall, über die hinunterstürzenden Wogen den friedlichen Regenbogen tragend und am Ufer von Schmetterlingen umspielt und von Nachtigallenstimmen begleitet.

Wenn er seinen Zauberstab dahin senken wird, wo ihm die Mächte der Massen, im Chor und Orchester, ihre Kräfte leihen, so stehen uns noch wunderbarere Blicke in die Geisterwelt bevor. Möchte ihn der höchste Genius dazu stärken, wozu die Voraussicht da ist, da ihm auch ein anderer Genius, der der Bescheidenheit, innewohnt. Seine Mitgenossen begrüßen

Düsseldorf. Stich, 1858

ihn bei seinem ersten Gang durch die Welt, wo seiner vielleicht Wunden warten werden, aber auch Lorbeeren und Palmen; wir heißen ihn willkommen als starken Streiter.

Es waltet in jeder Zeit ein geheimes Bündnis verwandter Geister. Schließt, die ihr zusammengehört, den Kreis fester, daß die Wahrheit der Kunst immer klarer leuchte, überall Freude und Segen verbreitend.»[53]

Was Schumann hier im Pathos der Zeit ausspricht, hat, obwohl es auf den ersten Blick den Anschein haben mag, mit Prophetie nichts zu tun; es war einfühlsame Scharfsichtigkeit, die ihn befähigte, aus dem wenigen, was Brahms an Kompositionen mitbrachte, das musikalische, das kompositorische Genie dieses Zwanzigjährigen zu erkennen. Brahms ist ja in der Tat einer der Künstler, bei denen die früheren, nur gelegentlich «ungeschickteren» Werke schon alle Elemente der Meisterschaft enthalten. Es gibt auch bei Brahms eine Entwicklung, die zum Teil mit seinen Lebensumständen zusammenhängt, aber das Anhören seiner Jugendwerke gibt Schumann, auch von heute aus gesehen, recht: der da zu ihm kam, war schon der ganze Brahms. Bis in Einzelheiten hinein ist das sichtbar, zum Beispiel wenn Brahms in op. 1 die Sequenz, die Versetzung einer Melodiephrase in ein höheres oder tieferes Intervall, benutzt, oder wenn am Schluß des Andante desselben op. 1 die so typisch Brahmssche Kadenzform auftritt.

Brahms selbst trifft das «öffentliche Lob» Schumanns überraschend, im Grunde reagiert er ängstlich. *Verehrter Meister*, schreibt er an Schumann,

Um 1856

Sie haben mich so unendlich glücklich gemacht, daß ich nicht versuchen kann, Ihnen mit Worten zu danken. Gebe Gott, daß Ihnen meine Arbeiten bald den Beweis geben könnten, wie sehr Ihre Liebe und Güte mich gehoben und begeistert hat. Das öffentliche Lob, das Sie mir spendeten, wird die Erwartung des Publikums auf meine Leistungen so außerordentlich gespannt haben, daß ich nicht weiß, wie ich demselben einigermaßen gerecht werden kann. Vor allen Dingen veranlaßt es mich zur größten Vorsicht bei der Wahl der herauszugebenden Sachen ...[54]

Es ist häufig danach gefragt worden, ob Schumanns Artikel Brahms mehr genützt oder mehr geschadet habe in der musikalischen Welt jener Tage. Man muß dazu wissen, daß Schumann selbst sich in einer Außenseitersituation befand. Die von ihm gegründete «Neue Zeitschrift für Musik», deren Redaktion er bis 1844 besorgt hatte, war unter dem neuen Redakteur Franz Brendel zum Blatt einer neuen, d e r neuen Richtung in der Musik des 19. Jahrhunderts geworden. Brahms hatte zu befürchten, daß der gesamte Umkreis der «Neudeutschen» ihn nun mit einer Art «Bann» belegen würde. Im Kapitel über den «Musikstreit» wird davon zu reden sein.

Die wichtigste Wirkung von Schumanns Artikel aber scheint doch gewesen zu sein, daß plötzlich alle Welt von dem bisher völlig unbekannten jungen Mann sprach, so daß die «Neuen Bahnen» den Weg des jungen Brahms ans Licht der Öffentlichkeit erheblich verkürzten. Daß er von solch frühem Ruhm hätte überwältigt werden können, wird niemand vermuten. Auch hier blieb Brahms sein Leben lang Brahms. Gesprächsweise bemerkte er einmal (1885), es sei traurig, daß die jungen Leute es so eilig hätten mit der Aufführung und Publikation ihrer unfertigen Sachen. *Fragen Sie doch in der Musikalienhandlung Cranz nach, was er mir, als ich noch gar nicht sehr bekannt war, für Angebote gemacht hat! Er wollte alles drucken, was ich ihm geben würde, Sonaten, Lieder, Trios, Quartette. Ich hätte das Geld damals wohl brauchen können, und doch habe ich ihm nichts gegeben. Was habe ich Respekt vor der Druckerschwärze gehabt! Der Zettel ist noch da, auf welchem Schumann und Joachim diejenigen meiner Jugendwerke verzeichneten, die ich herausgeben sollte. Und doch sind nur ein paar Stücke davon erschienen.* Befragt, ob er seine alten Kompositionen noch habe, antwortete er: *Gott bewahre! Das Zeug ist alles verbrannt worden. Die Kisten mit den alten Skripturen standen lange in Hamburg. Als ich vor zwei oder drei Jahren dort wàr, ging ich auf den Boden — die ganze Kammer war aufs schönste mit meinen Noten tapeziert, sogar die Decke. Ich brauchte mich nur auf den Rücken zu legen, um meine Sonaten und Quartette zu bewundern. Es machte sich sehr gut. Da hab' ich alles heruntergerissen — besser, ich tu's als andere! — und auch das übrige mitverbrannt.*[55] Hinter der Humorigkeit, die Brahms sich in solchen Gesprächen zugelegt hatte, steht der ernsthafte Grundzug seiner Natur, seines Künstlertums. Er nimmt es ernst mit seinem Talent. «Denn das Talent, meine Herren und Damen dort unten, weithin im Parterre, das Talent ist nichts Leichtes, nichts Tändelndes, es ist nicht ohne weiteres ein Können. In der Wurzel ist es B e d ü r f n i s, ein kritisches Wissen um das Ideal, eine Ungenügsamkeit, die sich ihr Können nicht ohne Qual erst schafft und steigert ...»[56] Soweit Thomas Mann. Bei Brahms klingt es so: *Das darf einem nicht so einfallen! ... Glauben Sie, eines von meinen paar ordentlichen Liedern ist mir fix und fertig eingefallen? Da habe ich mich kurios geplagt! ...*[57]

Von Schumann darin bestärkt, reist Brahms im November 1853 nach Leipzig, um die Herausgabe seiner Kompositionen zu betreiben. *Mynheer Domine!* schreibt er an Schumann, *Verzeihen Sie diese lustige Anrede dem, der durch Sie so unendlich glücklich und froh gemacht ist. Nur das*

Schönste und Beste habe ich Ihnen zu erzählen. Ihrer warmen Empfehlung verdanke ich eine über alle Erwartung und besonders über alles Verdienst freundliche Aufnahme in Leipzig. Härtels erklärten sich mit vieler Freude bereit, meine ersten Versuche zu drucken ... Dürfte ich meinem zweiten Werk den Namen Ihrer Frau Gemahlin voraussetzen?[58]

Zum erstenmal wird hier Clara Schumann erwähnt. Ihren Namen will Brahms seinem zweiten Werk, es ist die *Sonate in fis-moll*, voranstellen. Clara Schumann war bei Brahms' erstem Besuch in Düsseldorf dabei gewesen, sie hat Brahms ganz ohne Zweifel auf der Stelle tief beeindruckt. Clara Schumann war damals 34 Jahre alt. Daß sie sechs Kinder geboren hatte, scheint ihrem mädchen- und märchenhaften Charme überhaupt nicht Abbruch getan zu haben. Für den jungen, schwärmerischen, aber unerfahrenen und eher linkisch verschlossenen Brahms muß sie der Inbegriff der Kultiviertheit, der fremdartigen Schönheit und nicht zuletzt der wissenden Frau gewesen sein. Ein Bild, das er sich gewiß nicht vorgestellt hatte, das er aber erkannte als den Inhalt seiner ganzen romantischen Sehnsucht. Brahms macht sich das alles nicht klar, er fühlt sich erregt, bewegt davon, aufgenommen zu sein in diesem Haus zweier großer Künstler, er fühlt sich betroffen und gesteigert zugleich von der damit verbundenen Forderung an seine schöpferische Kraft, er sieht sich noch ganz im Gegenüber und nur wenig in der Zugehörigkeit zu beiden Schumanns. Die Inspiration, die ihm dieses in jedem Sinne «Aufgehobensein» gibt, schlägt sich unmittelbar in Produktivität nieder. «Kreisler» (gemeint ist Brahms) «ist der wunderlichste Mensch. Kaum entzückte er uns durch sein Trio, so hat er schon wieder drei Sätze einer Sonate für zwei Flügel fertig, die mir noch himmelhöher vorkommen.»[59] Julius Otto Grimm, Schumann-Schüler, schrieb diese Zeilen an Joachim, nachdem Brahms eine Woche zuvor spontan nach Düsseldorf gefahren war, um Clara Schumann beizustehen. Am 27. Februar 1854 hatte sich Robert Schumann in einem Anfall von Wahnsinn in den Rhein gestürzt; eine Schiffsbesatzung holte ihn aus dem Wasser, er lebte noch und wurde bald darauf in eine private Nervenheilanstalt in Endenich gebracht. Brahms lebt Clara Schumanns Erschütterung mit. *Schändliches Wetter und leider, schlimmere Nachrichten aus Bonn lassen es mir trübe werden ... Die letzte Hoffnung ward wieder nichtig ... Frau Schumann leidet furchtbar ...*[60] Clara Schumann ist zu dieser Zeit schwanger, am 11. Juni 1854 bringt sie ihr siebentes Kind, Felix, zur Welt. Sie fährt Wochen später zu einer Kur, Brahms nach Süddeutschland, um nach einem Sanatorium für Robert Schumann zu suchen. Es beginnt ein Briefwechsel, der, man kann es nur mit einem großen Wort sagen, die Geschichte einer Liebe nachzeichnet, die beinahe schon von den Anreden abzulesen ist: *Verehrte Frau* heißt es zunächst und dann *Teuerste Freundin, Geliebteste Freundin, Innigst geliebte Freundin, Geliebte Frau Clara, Liebe Clara.*[61]

Nach dem täglichen Zusammensein in Düsseldorf, der erste Brief:

Verehrte Frau, auf der ganzen Reise bin ich noch nicht so recht ungebunden froh gewesen, wie es nötig ist auf einer Fußtour, und wie ich es sonst bin.

Jeden Augenblick könnte ich umkehren und würde diesen Sommer

Clara Schumann, 1847

nicht wieder in Versuchung kommen, Düsseldorf zu verlassen. Das lebendige und erhebende Zusammensein und -musizieren mit Ihnen, die Nachrichten von Ihrem geliebten Mann, ach, wie kann ich das auch nur kurze Zeit entbehren ... Ich habe oft Streit mit mir, das heißt, Kreisler und Brahms streiten sich. Aber sonst hat jeder seine entschiedene Meinung und ficht sie durch. Diesmal jedoch waren sie beide ganz konfus, keiner wußte, was er wollte, höchst possierlich war's anzusehen. Übrigens standen mir fast die Tränen in den Augen.

Jetzt bin ich weiter, schon in Eßlingen, per Eisenbahn, und schreibe an Sie, während etwas Eichendorff losgelassen ist: dunkle Mitternacht, die Brunnen verschlafen rauschen, verworrene Stimmen und tiefe Wehmut im Herzen ...[62]

Verehrte Frau, länger halt' ich's nicht aus, ich reise zurück, noch heute. Heute früh kam ich hier an, bis abend 9 Uhr wollte ich auf einen Brief von Ihnen warten, dann nach Tübingen fahren, es geht halt nicht ... Ich will nach Hause und musizieren und lesen allein, bis Sie kommen, und ich es mit Ihnen kann ...[63]

Nach Hause, das heißt nun schon: zu Clara Schumann. Ich sehne mich unendlich, Sie wiederzusehen, teuerste Frau, lassen Sie uns nicht länger als nötig warten ...[64]

Seit ich diesen herrlichen Sommer mit Ihnen verlebte, wäre es mir unmöglich (Brahms schreibt aus Hamburg), hier zu bleiben. Verzeihen Sie den Ausdruck «herrlich»! Es war doch ein herrlicher Sommer für mich trotz seinem großen Ernst, er wird mir unvergeßlich sein. Vielleicht wird der Winter unendlich schöner, mindestens so gut muß er werden.

Leben Sie recht wohl, hochverehrte Frau, und behalten Sie lieb Ihren Johannes Brahms.[65]

Teuerste Freundin, wie liebevoll blickt mich das trauliche «Du» an! Tausend Dank dafür, ich kann's nicht genug ansehen und lesen, hörte ich es doch erst; selten habe ich das Wort so entbehrt, als beim Lesen Ihres letzten Briefes ...[66]

Ich möchte Ihrem lieben Manne vom verlebten Sommer schreiben, ich könnte stundenlang Ihnen davon erzählen. ohne im geringsten wehe zu tun, zu betrüben ...[67] Dieser Versicherung bedarf es doch.

Ich habe Ihnen zu gräßlichen Briefen geschrieben, das sehe ich ein, ich schreibe Ihnen einen zweiten aus 1001 Nacht ab, er schildert meinen Zustand aufs deutlichste, trotzdem jener Schreiber Prinz war und ich Komponist.

Nachdem Ihnen also Johannes noch ganz vernünftig gute Nacht sagt. richtet der Bramine sich mühsam von seinem Lager auf, nimmt Papier und den Kalane zur Hand und schreibt (als Antwort auf Ihren letzten Brief).

Im Namen Gottes den Gnadenvollen und Allseligen.—Dein Brief, o Herrin, ist angekommen und hat Balsam in eine von Sehnsucht und Verlangen gequälte Seele geträufelt und Heilung einem zerrissenen und kranken Herzen gebracht. Dein ermatteter Sklave (wie schön!) hat alle die huldvollen Worte seines Inhalts vernommen, und bei Deinem Haupte, o meine Herrin! ich bin in jenem Zustande, den der Dichter schildert: «Das Herz ist beklimmen und Bekümmernis erweitert. und schlaflos das Auge und müde der Leib, verkürzt die Geduld, dauernd aber die Trennung und der Verstand in Verwirrung und das Herz verloren.» (Ach!) – Die Klage verlöscht zwar nicht den Brand des Kummers, aber sie bringt Linderung dem von sehnsüchtigem Verlangen Zerrütteten und durch Trennung Leidenden. Wollte Gott, es wäre mir noch heute und anstatt diesen Brief abzusenden erlaubt, Dir mündlich zu wiederholen, daß ich aus Liebe für Dich sterbe. Mehr vermag ich vor Tränen nicht zu sagen. Lebt wohl. – Kamaralsaman Ebn Brah.

Als Ebn Brah mit seinem unter Seufzern und Weinen verfaßten Briefe fertig war, trug er ihn zur preußischen Post, warf ihn in den Briefkasten und sagte: «Ich beschwör' euch, bringt diesen Brief zu meiner geliebten Herrin, und grüßt sie von meinetwegen.» J. B.[68]

Auf dem Umweg über Poesie versucht Brahms die Freundin zu duzen.

Was haben Sie mir angetan, können Sie den Zauber nicht wieder von mir nehmen?[69]

Inzwischen war Clara nach Rotterdam zu Konzerten abgereist, Brahms fuhr ihr nach. Danach: Wie war Ihr voriger Brief so lieb! Mit dem «Umarmen» hat's freilich seine guten Wege von Amsterdam bis Düsseldorf. Es ist recht ungefährlich und höchst sittsam.[70]

Brahms in Düsseldorf bei Claras Kindern:

Meine herzliche Clara, heute früh empfingen mich Ihre 2 letzten Briefe, als ich herunterkam. Der eine mit dem Strauß, wie Seide sehen die Halme aus ... Heute und gestern haben die Jungen sich an Braunschweiger Kuchen erlabt. Ich küsse sie immer als von Ihnen, aber ich möchte Ihnen die Küsse auch wiedergeben![71]

Clara, liebe Clara, endlich heute ein Brief von Ihnen, ich habe lange darauf gehofft ... Ich werde immer freudiger und ruhiger in meiner Liebe zu Ihnen, ich entbehre Sie jedesmal mehr, aber ich sehne mich fast freudig nach Ihnen, es ist einmal so, und ich kannte das Gefühl schon einmal, und nie war ich so warm.[72]

Jedes Wort reut mich, das ich an Sie schreibe und das nicht von Liebe spricht.[73]

Weder vorher noch später hat Brahms solche Worte geschrieben. Ich werde selten empfindsam und nur wenn ich für mich denke, beim Schreiben schwindet's schnell.[74]

Brahms steckte tief in seiner hingebungsvollen Leidenschaft, aber auch Clara Schumann, deren Briefe aus dieser Zeit nicht erhalten sind, war heftig bewegt von dieser starken Zuneigung des jungen Mannes. In späteren Briefen wird das ganz deutlich, dann nämlich, wenn Brahms den «Verzicht» etwas zu streng auslegt.

«Bekomme ich nicht bald einen langen Brief? Mache mir die Weihnachtsfreude – es ist ja ernst genug für mich! Nimm Dir Zeit dazu, lieber Johannes – eine Minute mehr, und manche Freundlichkeit ist gesagt und bereitet Freude.

Leb wohl, lieber Johannes. Es war schön, daß Du kamst, nur gar so kurz – fast ein Traumbild!

Innig Deine Clara.»[75]

Die Heilanstalt in Bonn-Endenich

Noch ist Brahms der Werbende: *Aber um eins will ich Dich noch bitten. Wirf nicht ein schönes Hutband oder dergl. weg, sondern gib mir's. Ich lege es gern um Deine Briefe oder sonst Liebes.*[76] Vielleicht glaubte Brahms in diesen Jahren, in denen er, wie es Franz Grasberger in seinem schönen Brahms-Buch sagt, sein Leben «in beglückender Unselbständigkeit»[77] Clara Schumann zuordnete, wirklich an eine «Erfüllung» ihrer Liebe?

Ich will doch meine neuliche Überrumpelung nicht gleich wahrnehmen! Die mit dem «Du» nämlich. Ich dachte, ich wollte doch nicht Deine augenblickliche Güte und Liebe benutzen, es möchte Dir später nicht recht sein. Deshalb schreibe ich auch immer noch per Sie. Diese Belagerung und Eroberungsgeschichte hat denn auch wohl Zusammenhang mit der unbeantworteten Frage? Oder nicht?[78]

Was war das für eine unbeantwortete Frage? Kann es die gewesen sein, ob Clara frei sein würde für Brahms, wenn sie eines Tages frei war? Die letzten Ehejahre mit Robert Schumann waren für Clara Schumann Jahre der Unterordnung, der Pflege eines schwermütigen, kranken Mannes gewesen. Wie sehr verständlich ist ihre Hinneigung zu dem jungen Brahms, der sie verherrlicht und nebenbei natürlich verjüngt. *Meine geliebte Clara, ich möchte, ich könnte Dir so zärtlich schreiben, wie ich Dich liebe, und so viel Liebes und Gutes tun, wie ich Dir's wünsche. Du bist mir so unendlich lieb, daß ich es gar nicht sagen kann. In einem fort möchte ich Dich Liebling und alles mögliche nennen, ohne satt zu werden, Dir zu schmeicheln. Wenn das so fort geht, muß ich Dich später unter Glas setzen oder sparen und in Gold fassen lassen.*[79]

Dieser Brief, in dem auch noch steht: *Deine Briefe sind mir wie Küsse* ist der letzte vor dem erwarteten und doch weder für Clara Schumann noch für Brahms jemals vorstellbar gewesene Ereignis, dem Tod Robert Schumanns. Die beiden hatten sich Anfang Juli für ein paar Tage getroffen.[80] Ende Juli 1856 starb Robert Schumann in der Heilanstalt in Endenich. In den Tagen vor seinem Ende waren Clara Schumann und Brahms zu ihm gefahren, Brahms hatte ihn noch drei Wochen zuvor besucht.

Ich war zu Schumanns Geburtstag bei ihm (8. Juni). Ich fand ihn merkwürdig verändert plötzlich gegen das letzte Mal. Frau Klara kam dann aus England. Gleich mit ihrer Ankunft auch schlimmere Nachrichten aus Endenich. Acht Tage vor seinem Tode (Mittwoch) erhielten wir eine telegraphische Depesche. Ich las sie nur, sie hieß ungefähr: «Wollen Sie Ihren Mann noch lebend sehen, so eilen Sie unverzüglich hierher. Sein Anblick ist freilich grausenerregend.»

Wir fuhren hinüber . . . Ich ging zu ihm, sah ihn jedoch gerade in Krämpfen und großer Aufregung, so daß auch ich wie die Ärzte Frau Schumann abrieten, zu ihm zu gehen, und sie zur Rückreise bewegten.

Schumann lag immer, nahm nichts mehr zu sich als löffelweise Wein und Gelee. Frau Klaras Leiden aber in den Tagen war so groß, daß ich ihr Sonnabend abend vorschlagen muß t e, wieder hinüberzugehn und ihn zu sehn.

Jetzt und immer danken wir Gott, daß es geschehen, denn es ist für ihre Ruhe unumgänglich nötig. Sie sah ihn noch Sonntag, Montag und Diens-tag früh. Den Nachmittag um vier starb er.

Ich erlebe wohl nie wieder so Ergreifendes, wie das Wiedersehen Roberts und Klaras.

Er lag erst länger mit geschlossenen Augen, und sie kniete vor ihm, mit mehr Ruhe, als man es möglich glauben sollte. Er erkannte sie aber hernach und auch den folgenden Tag.

Einmal begehrte er deutlich, sie zu umarmen, schlug den einen Arm weit um sie.

Sprechen freilich konnte er schon länger nicht mehr, nur einzelne Worte konnte man (vielleicht mehr sich einreden zu) verstehen. Schon das mußte sie beglücken. Er verweigerte öfter den gereichten Wein, von ihrem Finger sog er ihn manchmal begierig und lange ein und so heiß, daß man bestimmt wußte, er kannte den Finger.

Dienstag mittag Joachim von Heidelberg, das hielt uns etwas in Bonn auf, sonst wären wir vor seinem Entschlafen gekommen, so kamen wir eine halbe Stunde hernach. Es ging wie Dir beim Lesen; wir hätten freier atmen sollen, daß er erlöst, und wir konnten's nicht glauben . . .[81]

Zwei Sätze in diesem Brief sind dafür, wie Brahms sich in der nachfolgenden Zeit verhielt und wie er gefühlt haben muß, von Wichtigkeit. Dies *Ich erlebe wohl nie wieder so Ergreifendes, wie das Wiedersehen Roberts und Klaras*, und das *Wir hätten freier atmen sollen, daß er erlöst, und wir konnten's nicht glauben*. Trauer um den Tod des von Brahms so verehrten Freundes bestimmt diesen letzten Satz, der eine neue Bedeutung bekommt, wenn man sich klarmacht, daß der Schatten des toten Robert Schumann stärker über Clara Schumanns und Brahms' Leben bestimmte, als es der noch Lebende, wenn auch beinah unbewußt lebende Robert Schumann getan hatte. Das Wiedersehen Clara Schumanns mit dem Sterbenden wird den seit je ernst gestimmten Brahms nicht mehr losgelassen haben.

Mit viel Berechtigung ist die mit Schumanns Tod beinah abgelaufene Zeit die «Werther-Zeit» Brahms' genannt worden. Neben vielen Parallelen, etwa den Kindern Claras, um die sich Brahms auch nach Schumanns Tod kümmerte, bürgt Brahms' Selbstbekenntnis dafür. *Das Quartett wird bloß als Kuriosum mitgeteilt! Etwa eine Illustration zum letzten Kapitel vom Mann im blauen Frack und gelber Weste.*[82] Brahms kannte seinen Werther. «Er lag gegen das Fenster entkräftet auf dem Rücken, war in völliger Kleidung, gestiefelt und im blauen Frack mit gelber Weste.»[83] Es gibt keinen Zweifel: Clara Schumann war Brahms' Lotte. Der junge Brahms hat seiner Not um Clara Schumann ebensowenig durch eine Kugel ein Ende gemacht wie Goethe der seinen um Charlotte Kestner. Aber es läßt sich ohne allzu große Kühnheit behaupten, daß er von nun an der Brahms wird, den wir an der fallenden Melodie seiner Musik erkennen. «Das eigentliche Rätsel bei Brahms», schreibt Hans Gal, «wie beim jungen Goethe, ist seine Fluchtbereitschaft. Dies Motiv wiederholt sich in allen Liebesverwicklungen seines Lebens.[84]

Sie wiederholt sich ja nicht nur in allen Liebesverwicklungen, sie wiederholt sich, wie schon angedeutet, in Wunsch und Abwehr bei der Frage nach der «festen Anstellung», sie wiederholt sich bei den im Grunde immer so geliebten Sommersitzen; länger als drei Sommer hält Brahms es an einem solchen Platz nie aus; es wird geradezu ein Rhythmus daraus. Das Motiv aber für alle diese Formen von Flucht vor Bindung, sollte es nicht wirklich in der unbewußten oder fast schon bewußten Kenntnis liegen, daß seine Kreativität die Spannung zwischen Beruhigung und Unrast verlangte? Ist die Fluchtbereitschaft eine Art selbstgewählte Krankheit? F. A. E. («Frei aber einsam»), der Wahlspruch der Romantik, ist beim «nachromantischen» Brahms nicht mehr auf ein Banner geschrieben, das er quasi vor sich her trägt, aber trotz allen Austauschs mit Freunden, die meist nicht mehr als «Gleichgesinnte» sind, wird es ein Leitmotiv seines Lebens.

Unbestreitbare Tatsache jedenfalls ist, daß Brahms nach den 1853 und 1854 im Aufschwung der Begegnung mit den Schumanns komponierten Stücken[85] erst wieder nach der Trennung von Clara Schumann eigene Arbeiten zu Ende brachte und vorlegte. Dabei war er nicht untätig gewesen die ganze Zeit über; er mußte Geld verdienen. Mit Stundengeben allein war es nicht getan. Mit Hilfe Joachims kam Brahms zu einigen Konzertabschlüssen, denn zu jener Zeit und noch viele Jahre danach war sein Ruf als Konzertpianist bedeutender als sein Renommee als Komponist. Er spielte in Danzig und beispielsweise am Vorabend von Mozarts 100. Geburtstag in Hamburg dessen d-moll-Konzert «aus einer geschriebenen Partitur, wahrscheinlich aus derselben, die er aus seiner Knabenzeit besaß, wo er sich bedeutende, ihm besonders teure Hauptwerke der Musikliteratur aus den Stimmen in Partitur zu setzen pflegte»[86]. Hier wird schon einmal deut-

Mitwoch, den 14. November 1855,

Abends 7 Uhr,

im

grossen Saale des Schützenhauses.

SOIRÉE

gegeben von

Frau Clara Schumann

und den Herren

Joseph Joachim und Johannes Brahms.

——»²⁸ ⓞⓞⓞ ᵉᵉ«——

PROGRAMM.

Erſter Theil.

1. Sonate von Mozart in A dur für Clavier und Violine, gespielt von Clara Schumann und Joseph Joachim.

2. Fantaisie (op. 77.) von Beethoven, gespielt von Johannes Brahms.

3. Chaconne von Johann Sebastian Bach für Violine allein, gespielt von Joseph Joachim.

Zweiter Theil.

4. Symphonische Etuden (Etudes en forme de Variations) von Robert Schumann, gespielt von Clara Schumann.

5. Sonate G dur für Clavier und Violine von Joseph Haydn, gespielt von Johannes Brahms und Joseph Joachim.

6. { a. Sarabande und Gavotte für Clavier von Johannes Brahms, b. Marsch von Fr. Schubert, } gespielt von Johannes Brahms.

7. Caprice und Variationen für Violine von Paganini, gespielt von Joseph Joachim.

Billets à 1 rtl. sind in der Buch- und Musikalien-Handlung von **F. A. Weber**, Langgasse 78., zu haben. An der Kasse kostet das Billet 1 rtl. 10 sgr.

Weiteraſche Hoſſuchdruckerei.

lich, was für Brahms bestimmend bleibt: die engagierte Beschäftigung mit der Musikliteratur. ... *Von meiner Bibliothek will ich Ihnen noch vielleicht am Schluß erzählen. Ich habe eine Handschrift von Beethoven! Eine Abschrift der letzten As-dur-Sonate (110), mit Korrekturen und Titel von Seiner Eignen Hand! ...*[87] Etwas anderes bleibt ebenfalls für sein Werk bezeichnend, daß nämlich ein poetischer Gedanke die Initialzündung für ein Musikstück, den Satz eines Musikstückes geben kann, ohne daß daraus «Programmusik» entsteht. Ende 1853 schreibt Brahms einem Verleger:

Hiermit erhalten Sie endlich die versprochene «Sonate». Ich habe sie fein sauber gewaschen, so daß sie sich jetzt wohl vor Leuten sehen lassen darf ... NB. Ich habe die «Sonate» schon zugesiegelt und mag mich nicht mehr aufhalten; so bitte ich Sie folgenden kleinen Vers über das erste Andante in Parenthese klein setzen zu lassen. Es ist zum Verständnis des Andante vielleicht nötig oder angenehm:

F. A. E.

Titelblatt der Sonate F. A. E., gemeinsam komponiert von Robert Schumann (1. Satz), Albert Dietrich (2. Satz) und Johannes Brahms (3. Satz)

(«*Der Abend dämmert, das Mondlicht scheint,*
Da sind zwei Herzen in Liebe vereint
Und halten sich selig umfangen.») *Sternau*

NB. Über das erste Andante; es sind zwei in der «Sonate» . . .[88]
   Albert Dietrich beschreibt Brahms aus der ersten Düsseldorfer Zeit, und aus dieser Beschreibung erfährt man auch etwas über Brahms' Klavierspiel:

«So erinnere ich mich einer Abendgesellschaft, die bald nach seiner Ankunft in der ebenso gastfreien wie musikliebenden Familie Euler stattfand.

Brahms wurde aufgefordert zu spielen, und trug die F-Dur-Toccata von Bach und sein es-moll-Scherzo mit wunderbarer Kraft und Meisterschaft vor; seiner damaligen Gewohnheit gemäß summte er, vor innerer Erregung bebend, die Melodie halblaut mit und hielt das Haupt tief über die Tasten gebeugt. Gegen die auf das Spiel folgenden übermäßigen Lobsprüche verhielt er sich bescheiden ablehnend. Man war allenthalben des Staunens voll über ihn und seine hervorragende Begabung, und vornehmlich die musikalische Jugend war ganz erfüllt von dem bedeutenden künstlerischen Eindruck, den sein immer charakteristisches, mächtiges und, wo es sein mußte, so überaus zartes Spiel und seine wunderbaren Compositionen hervorgerufen hatten, so daß der Wunsch, ihn von Neuem zu hören, allenthalben geteilt wurde.

Bald darauf wurde ein Ausflug nach dem Grafenberg unternommen. Brahms war mit dabei und zeigte sich hier in seiner ganzen liebenswürdigen Jugendfrische und Harmlosigkeit; scherzend und neckend zog er Rüben aus dem Felde und bot diese sorgfältig abgeputzt den Damen als Erfrischung an. Auf dem Heimwege fanden Brahms und ich, die einzigen Musiker in der Gesellschaft, uns zusammen. Da erzählte er mir im Laufe des Gesprächs, daß er beim Componiren sich gern an Volkslieder erinnere und daß die Melodien sich dann von selbst einstellten. So hätten ihm im Finale seiner C-Dur-Sonate im Sechsachtel-Takte die Worte ‹Mein Herz ist im Hochland› vorgeschwebt und in der fis-moll-Sonate op. 2 habe er zur Melodie des zweiten Satzes die Worte eines altdeutschen Liedes zu Grunde gelegt. ‹Mir ist leide, daß der Winter Beide, Wald und auch die Heide, hat gemachet kahl.›»[89]

Mit der Trennung von Clara Schumann nach Robert Schumanns Tod verändert sich der Ton seiner Briefe an Clara. Vorher hatte es noch die gemeinsame Reise in die Schweiz gegeben, von August bis Ende September 1856. Sie ging von Schumanns Grab aus und führte dahin zurück. Am 28. Oktober 1856 heißt es noch ganz mitleidend: *Gestern bekam ich Deinen lieben Brief, meine Clara; ich wünsche mir nichts sehnlicher, als Dich trösten zu können, doch wie das? Mir kommt es ja selbst so unnennbar hart vor, was Du leidest, daß mir der Gedanke daran schwinden muß . . .*[90] Hier hat Brahms unter der Frage «trösten zu können, doch wie das?» die Hoffnung, trösten zu können, noch nicht aufgegeben, zudem es später in diesem Brief heißt: *Laß Dir das einen freundlichen Gedanken sein, daß Du mich jedesmal, wenn wir uns wiedersehen, mehr ganz hast.*[91] Wie anders klingen seine Worte, als er die Notwendigkeit des Verzichts begriffen hat und zugleich die Notwendigkeit, sich selbst zu befreien. Käme es nicht von Brahms, es könnte wie Hohn klingen; dabei will er offenbar, was er Clara schreibt, sich selbst einreden.

Leidenschaften gehören nicht zum Menschen als etwas Natürliches. Sie sind immer Ausnahme oder Auswüchse.

Bei wem sie das Maß überschreiten, der muß sich als Kranken betrachten und durch Arznei für sein Leben und seine Gesundheit sorgen.

Ruhig in der Freude und ruhig im Schmerz und Kummer ist der schöne, wahrhafte Mensch. Leidenschaften müssen bald vergehen, oder man muß sie vertreiben.[92]

Dieser Brief kam aus Detmold.[93] Brahms war zu Pfingsten 1857 in der kleinen Residenz gewesen und hatte dort so gefallen, daß für den Herbst ein längerer Aufenthalt vereinbart wurde. Diese kleinen Fürstentümer hatten, auch im Zusammenhang mit Meiningen wird das klar, ihre kunstfördernde Bedeutung noch ein wenig über die Zeit gerettet. In Detmold hatte von 1826 bis 1833 Lortzing gelebt, 1825 war das neue Theater mit Mozarts «Titus» eröffnet worden. Prinzessin Friederike, eine Schwester des regierenden Fürsten, hatte Brahms 1855 bei Clara Schumann kennengelernt. Brahms gab ihr und den Damen bei Hofe Klavierstunden und leitete den «Kleinen Gesangverein» im Schloß. Die Arbeit mit diesem kleinen Chor wird eine wichtige Erfahrung, auch für den Komponisten. *Die durchlauchtigsten Ergötzungen lassen mir keine Zeit, an mich zu denken. So freue ich mich denn, wenn Sie mich nur recht in Anspruch nehmen wo ich so von manchem Vorteil ziehe, das ich bisher entbehrt. – Wie wenig praktische Kenntnisse habe ich! Die Chorübungen zeigten mir große Blößen, sie werden mir nicht unnütz sein. Meine Sachen sind ja übermäßig unpraktisch geschrieben! . . .*[94] Auch in Detmold gibt es einen bevorzugten Freund, den Konzertmeister Carl Bargheer; mit ihm zusammen nimmt Brahms seine alte Vorliebe wieder auf: das Spazierengehen. Der Teutoburger Wald ist hier gewissermaßen ein Vorläufer des Wiener Waldes oder der Thuner Berge, in denen Brahms später seine musikalischen Gedanken spazieren trug. Sich der Gesellschaft anzupassen, daran dachte Brahms auch am Detmolder Hof nicht. Auf Vorhaltungen von Freunden soll er schlicht geantwortet haben: *Ach, das ist ja alles Pimpelkram.*[95] Carl Bargheer machte dieselbe Erfahrung wie die anderen Freunde: über seine Arbeit war aus Brahms nicht viel herauszubekommen: «Übrigens sprach Brahms niemals von seinen Arbeiten, bevor er sie beendet hatte. Nur einmal, als ich ihn mittags beim Notenschreiben traf, alles im Zimmer, Flügel, Tische, Bett, Stühle, mit Partiturbögen belegt war, die er – ein großer Frühaufsteher – schon denselben Morgen geschrieben hatte, sagte er mir: *Ich bin dabei, die Serenade* (welche ursprünglich ein Oktett war) *für Orchester zu setzen, sie wird sich besser machen.* Als ich darauf erwiderte: ‹Dann wird es ja eine Sinfonie›, meinte Brahms: *Wenn man wagt, nach Beethoven noch Sinfonien zu schreiben, so müssen die ganz anders ausschauen.*»[96]

Der Aar steigt einsam, doch das Volk der Krähen schart sich; gäbe doch Gott, daß mir die Flügel noch tüchtig wachsen und ich einst der andern Gattung zugehöre.

Dieser Tage ward in einem Kölner Konzert die 9te Sinfonie gemacht, ich fuhr mit Grimm hinüber; ich hörte sie das erstemal.[97]

1854 hatte Brahms dies an Joachim geschrieben. Der Übergang von den Flügeln, die ihm *noch tüchtig wachsen* sollten, zu Beethovens Neunter kommt doch nicht von ungefähr. Seit damals ist auch von der Sonate für zwei Klaviere die Rede. *Meine d-moll-Sonate möchte ich gern lange liegen lassen können. Ich habe die ersten drei Sätze oft mit Frau Schumann*

gespielt. (Verbessert). Eigentlich genügen mir nicht einmal zwei Kla-
viere ...[98]

Nein, zwei Klaviere genügten nicht. Und obwohl er noch Anfang der siebziger Jahre behauptete: *Ich werde nie eine Symphonie komponieren! Du hast keinen Begriff davon, wie es unsereinem zu Mute ist, wenn er immer so einen Riesen (Beethoven) hinter sich marschieren hört*[99], konnte von «nie» lange vorher schon nicht mehr die Rede sein.

Wie auch immer ihm zumute gewesen sein mag, gerade s e i t ihm der Riese Beethoven in seiner ganzen, Formen sprengenden Kraft mit jener Aufführung der Neunten im Jahre 1854 begegnet war, ließ ihn der Gedanke an eine eigene Symphonie nicht mehr los.

Was ihm als Sonate mit zwei Klavieren nicht genügte, was aber auch noch nicht seine erste Symphonie war, wurde sein erstes *Konzert für Klavier und Orchester.*

Das Konzert war Ergebnis einer langen und außerordentlich mühevollen Arbeit. Brahms hatte bis dahin keine praktische Erfahrung mit den Möglichkeiten und Grenzen eines Orchesters; zuletzt, in Detmold, konnte er gelegentlich mit der Hofkapelle arbeiten, aber was war das für ein bescheidener Rahmen für die Anforderungen, die er von vornherein an dieses Werk stellte.

Man wird skeptisch sein dürfen gegenüber allem, was in dieses Musikstück hineininterpretiert worden ist — und der Streit darüber ist müßig, welches Ereignis größere Bedeutung, am Ende noch «hörbare» Bedeutung, habe. Es ist aber auf der anderen Seite sicher nicht zu bestreiten, daß die ganz bedeutende seelische Erregung, die der junge Brahms in diesen Jahren von 1855 bis 1857 durchlebte, Eingang in dieses Werk gefunden hat. Dabei sollte die Zeile *Benedictus qui venit in nomine Domini*[100], die zweifellos auf Robert Schumann zielt, uns nicht gar zu sehr blenden, nicht als d e r klärende Hinweis erscheinen. Man könnte ebensogut sagen, dieses Konzert sei nun also Brahms' «Werther». Es spricht ja durchaus manches für dies «sich etwas von der Seele schreiben». Über allen diesen Fragen nach der geistigen Voraussetzung, der gefühlsmäßigen Disposition darf jedoch nicht ins zweite Glied der Darstellung oder Betrachtung rücken, daß Brahms ein Komponist war, den Formprobleme in ganz außergewöhnlicher Weise beschäftigten, bewegten — und, wenn es nicht gelingen wollte, tief erbitterten.

Immer wieder gehen Teile des Konzerts zwischen Brahms und Joachim hin und her:

Um mein Konzert auch bitte ich Dich, wann's möglich ist; und würd's nicht tun, brauchte ich's nicht, um in jeder Hinsicht mit ihm fertig zu werden.

Ich möchte Dich noch fragen, ob nicht die Hornsolostelle im ersten Satz beidemal vom primo-Horn geblasen werden könnte? Der 3te Hornist möchte oft ein schofler sein (z. B. in Hamburg, Elberfeld) ...

Die Pikkoloflöte ist ja höchstens drei Takte beschäftigt, soll man sie weglassen oder würde sie gut im Finale mitpfeifen? Das 2te Thema im Rondo, wo es das 2te Mal kommt in d-moll, hatte ich anfangs eine Oktave höher, (in Oktaven) ...[101]

So praktisch geht es dabei zu, und so banal sind die Fragen manchmal, die dann doch nicht unwichtig sind. Mehr vom Menschen Brahms, von Hoffnung und Unsicherheit des nun vierundzwanzigjährigen Komponisten ist zu spüren, wenn er wieder an Joachim schreibt:

Wieder einmal ein neuer Probedruck! Es ist wohl unverständig von mir, ihn Dir zu schicken. Ich weiß selbst nicht, wo ich die Zeit zum Schreiben genommen habe, kann ich doch jetzt nur eilig Dich grüßen und Deiner Nachsicht noch einmal den Satz empfehlen.

Wenn Du magst und kannst, schreibe mir doch gleich einige Worte, ob die Mühe nicht ganz unnütz war und es werden kann. Ich habe kein Urteil und auch keine Gewalt mehr über das Stück.[102]

Das Stück wurde am 22. Januar 1859 in Hannover zum erstenmal gegeben. Bei der zweiten wichtigen Aufführung am 27. Januar 1859 im Leipziger Gewandhaus fiel es durch. *Noch ganz berauscht von den erhebenden Genüssen, die meinen Augen und Ohren durch den Anblick und das Gespräch der Weisen unserer Musikstadt schon mehrere Tage wurden, zwinge ich diese spitze und harte Sahrsche Stahlfeder Dir zu beschreiben, wie es sich begab und glücklich zu Ende geführt ward, daß mein Konzert hier glänzend und entschieden – durchfiel.*[103] Das ist Galgenhumor, niemand glaubt es ihm, wenn er im selben Brief schreibt: *Dieser Durchfall machte mir übrigens durchaus keinen Eindruck,* aber sehr bezeichnend kommt die Brahms eigene Mischung aus Selbstkritik und Selbstbewußtsein zum Vorschein, wenn er seinen Brief so fortsetzt:

. . . und das bißchen üble und nüchterne Laune hernach verging, als ich eine C-dur-Sinfonie von Haydn und die Ruinen von Athen hörte. Trotz alledem wird das Konzert noch einmal gefallen, wenn ich seinen Körperbau gebessert habe, und ein zweites soll schon anders lauten.

Ich glaube, es ist dies das beste, was einem passieren kann; das zwingt in Gedanken, sich ordentlich zusammen zu nehmen und steigert den Mut. Ich versuche ja erst und tappe noch. Aber das Zischen war doch zu viel?[104]

Mit allem, was er da sagt, hat Brahms recht behalten. Das Konzert gefiel schon in der Hamburger Aufführung vom 24. März desselben Jahres, und *ein zweites* wird tatsächlich *schon anders lauten*, allerdings erscheint es auch erst gut zwanzig Jahre später (1881).

In dem Zeitraum, in dem Brahms mit dem ersten Klavierkonzert, diesem Schlußstück der eigenen «Sturm- und Drangzeit» fertig zu werden versucht, erschöpft sich seine kompositorische Tätigkeit keineswegs damit allein. In den Detmolder Wintern (1857, 1858, 1859) arbeitet er an den beiden Orchesterserenaden, und er schreibt wieder Lieder. «Unter Blüten des Mai's spielt ich mit ihrer Hand»[105]. Die Hand, die Brahms hier mit Höltyschen Versen besingt, mit der hat er auch wirklich gespielt, sie gehörte einer hübschen, jungen und zu alldem mit einer schönen Singstimme begabten Professorentochter in Göttingen: Agathe von Siebold. In Göttingen lebte Julius Otto Grimm, seit den ersten Düsseldorfer Tagen Brahms' ein guter Freund, als Musikdirektor. In seinem Haus trafen sich Brahms und Agathe. Das Ehepaar scheint die Verbindung freundschaftlich, später wohl mit jener gutsinnigen Kuppelleidenschaft, die Ehepaare

· *Konzert im Neuen Gewandhaus, Leipzig. Zeichnung von E. Limmer*

fast immer gegenüber alleinstehenden Freunden entwickeln, gar zu nachdrücklich befördert zu haben. Zunächst aber sieht man sich als *Kleeblatt*[106].

Nun ist es endlich Abend oder Nacht geworden, ich bin allein und ungestört und kann Dir, liebstes Kleeblatt, schreiben. –

Viel Neues wird's nicht werden. –

Es läuft bei mir alles in Gedankenstriche aus –

Hier ist wieder was zu rezensieren. Ich muß den Brautgesang gleich wieder haben. Ise muß sich Sonntag daran machen und den nächsten Tag zurückschicken. Umgehend, bitte ich.

Und dann mit der Serenade und mit Rezensionen. Weitläufigen und klaren. Philisterei vergesse ich. Gefallen ihm all die Neuigkeiten gar nicht, macht's mir keinen Pfifferling aus. Da wende ich mich an die Damens, die fragen nicht nach Partituren. Auch einige Lieder statt Briefe, wozu ich keine Zeit habe kommen mit ...

Grüßet Agathe von mir. Ich lege ein paar Lieder für sie ein, die – einer – na, und ich wünschte dabei, na – kurz, recht höflich für mich.

Und geniere Dich nicht, Ise, über meine Sachen zu schimpfen. Dem Lustigen muß viel verziehen werden.

Wir Kleber-Vier gefallen mir. Aber unser Briefschreiben nicht recht. Diese langen Pausen, diese wenigen Noten!

Dienstag, Mittwoch hoffe ich, meine Noten wieder zu haben. Gute Nacht tausendmal

und noch einmal   *Euer melancholischer Johannes.*[107]

Man braucht nichts in diesen Brief hineinzuinterpretieren, um herauszulesen, daß Brahms verliebt war. *Es läuft bei mir alles in Gedankenstriche aus.* Darauf springt er burschikos auf das Thema seiner Arbeit um; und dann wieder *Grüßet Agathe von mir . . . und ich wünschte dabei . . .* Für Brahms, den — wie aus allen seinen Äußerungen zu sehen ist — Gewissenhaften, man könnte vielleicht noch zutreffender sagen: den Gewissensvollen, war es gar keine einfache, leicht zu nehmende Sache, verliebt zu sein. In Detmold, bei Tage, scheint er darüber scherzen zu können. *Passen Sie auf, Sie werden sich wundern, wenn Sie* (er spricht mit einem jüngeren Freund, Karl von Meysenburg) *der Sie hier schon für die steifen Hofdamen schwärmen, erst dort die schönen, frischfröhlichen Professorentöchter kennenlernen!*[108] Brahms hatte nur zu gut gelernt, sich robust zu geben; er wird es mit der Zeit bis zur Grobheit und Schroffheit kultivieren. Aber damals, während des «Agathen-Sommers» von 1858, war seine Stimmung wohl noch deutlicher abzulesen aus Äußerungen, Briefen und, wie auf die Dauer, am besten in seinen Kompositionen. Brahms war 1858 schließlich erst 25 Jahre alt, aber das will vielleicht nicht soviel heißen, denn im vorigen Jahrhundert machte das allgemeine Lebensgefühl einfach älter, als es heute nachfühlbar ist. Um die Seelenlage Brahms' zu erkennen und die große Freude, mit der Brahms sich dieser Liebe zuwandte, muß man sich vergegenwärtigen, aus welchem Zwiespalt und welcher Verwirrung der Gefühle Brahms gerade kam. Der Verzicht auf Clara Schumann war von ihm zwar akzeptiert, aber er war ja im Grunde ein erzwungener. Nur vor dem Hintergrund der Beziehung zu Clara Schumann läßt sich verstehen, wie Brahms erst tastend, dann übermütig nach der tiefen Erleichterung und Tröstung greift, die diese Liebe eines jungen Mädchens ihm bietet. Ganz unbekümmert genießt er sein neues Gefühl, so unbekümmert, daß Clara Schumann, die in Göttingen Besuch macht, gekränkt wieder abreist. Sie hätte nicht gekränkt zu sein brauchen, denn das bestimmende Erlebnis seines Lebens ist das «Werther-Erlebnis» mit Clara Schumann geblieben. Darüber hinaus gehört es zu den berührendsten und schönsten Seiten von Brahms' Lebensgeschichte, daß sich diese Beziehung zwischen Clara Schumann und Brahms zu einer Freundschaft bis auf den Tod entwickelt. *Wenn Sie glauben, das Schlimmste erwarten zu dürfen, gönnen Sie mir ein paar Worte, damit ich kommen kann, die lieben Augen noch offen zu sehen, mit denen für mich sich — wie viel schließt.*[109] Das schrieb Brahms kurz vor Clara Schumanns Tod. Er selbst überlebte sie kaum ein Jahr. Im Agathen-Sommer aber, 1858, war es gleichzeitig doch wiederum sehr verständlich, daß Clara Schumann gekränkt Göttingen verließ. Im Augenblick mußte es so erscheinen, daß Brahms sich allzu schnell getröstet hatte. In Wahrheit tröstete er sich allzu kurz. Denn kaum hatte er mit Agathe von Siebold die Verlobungsringe ausgetauscht, da ergreift ihn auch schon die Panik. Sein Brief an die junge Geliebte spricht für sich und für die schon dargestellte These, daß er die Neigung, sich seßhaft zu machen, fliehen mußte. *Ich liebe Dich! Ich muß Dich wiedersehen! Aber Fesseln tragen kann ich nicht! Schreibe mir, ob ich wiederkommen soll, Dich in meine Arme zu schließen, Dich zu küssen, Dir zu sagen, daß ich Dich liebe!*[110] Das klingt uns heute pathetisch, war gewiß aufrichtig gefühlt — vor allem

Brahms in Hamburg, 1861/62

war es wirkungsvoll. Eine Auseinandersetzung gab es nicht mehr. Clara Schumann schreibt nun doch besorgt: «... die arme Agathe und vieles noch ging mir nicht aus dem Sinn! Immer sah ich das arme verlassene Mädchen und lebte alles Leid mit ihr durch. Ach, lieber Johannes, hättest Du es doch so weit nicht kommen lassen.»[111] Dieses Mitleiden ist bei Clara Schumann sicher ernst zu nehmen, wie sehr hatte sie selbst unter der Trennung von Brahms gelitten – sie litt wohl noch darunter. Und Brahms? *Ich bin verliebt in die Musik, ich liebe die Musik, ich denke nichts als sie und nur an anderes, wenn es die Musik mir schöner macht. Passen Sie auf, ich schreibe wieder Liebeslieder, und nicht an A-Z, sondern an die Musik.*[112]

49

Er wird damit niemanden täuschen, denn Jahre später traut er sich sogar, seiner Liebe zu Agathe von Siebold ein offenes Denkmal zu setzen, in dem berühmten und vielzitierten *G-Dur-Streichsextett*, das er in den Jahren 1864 und 1865 komponiert, erscheint im Seitenthema des ersten Satzes das Motiv a-g-a-h-e. Und einem Freund jener Jahre, Josef Gänsbacher, gegenüber hat Brahms sogar den Zusammenhang aufgedeckt: *Da habe ich mich von meiner letzten Liebe losgemacht.*[113] Es war nicht die letzte Liebe, aber losgemacht hat er sich immer wieder. Meist allerdings hat er sich nicht mehr so tief eingelassen wie bei Agathe von Siebold. Daß es mit dem a-g-a-h-e noch mehr auf sich hat als vielleicht «spätes Gedenken», beschreibt Hans Gal in seinem Brahms-Porträt: «Merkwürdigerweise haben die Brahms-Biographen übersehen, daß er jenes Motiv vorher anderswo benützt hat, und zwar mit Worten, die, wie man Brahms kennt, bei ihm immer etwas zu bedeuten haben. Es findet sich im zehnten der *Zwölf Lieder und Romanzen für Frauenchor*, op. 44 . . . Das Agathe-Motiv steht als Ostinato-Figur im Alt und die Worte dazu lauten:

> Und gehst du über den Kirchhof,
> da findest du ein frisches Grab;
> da senkten sie mit Tränen
> ein schönes Herz hinab.
>
> Und fragst du, woran es gestorben,
> kein Grabstein Antwort gibt;
> doch leise flüstern die Winde:
> es hatte zu heiß geliebt.»[114]

In Hamburg, seiner Geburtsstadt, war Brahms nach seinem «Aufbruch» im Jahre 1853 nur sporadisch aufgetaucht. Auch das, was man seine «Hamburger Zeit» nennen kann, fand sozusagen ratenweise statt, sie begann im Mai 1859, sie endete definitiv im Jahre 1862. Für Brahms und seine Tätigkeit in Hamburg war eine Hochzeit von außerordentlicher Bedeutung, mit dem Brautpaar selbst hatte es wenig zu tun, es heirateten ein Pastor Sengelmann und ein Fräulein Jenny von Ahsen, das Brahms seit längerem kannte. Während der Trauung nun führte der Brahms-Freund Karl G. P. Grädener mit seinen Gesangsschülerinnen eine Motette auf, und dabei kam Brahms auf den Gedanken, nachzufragen, ob man nicht auf ähnliche Weise sein *Ave Maria*, er hatte es in Detmold 1858 komponiert, aufführen könne. Aus den Proben dazu entwickelte sich ein regelrechter Frauenchor. *Ich bin hier und bleibe auch wohl hier, bis ich nach Detmold gehe. Einige sehr angenehme Schülerinnen halten mich und sonderlich auch ein Frauenverein, der unter meiner Leitung singt, bis jetzt nur, was ich ihm komponiere. Mir gefällt der helle silberne Klang außerordentlich, und namentlich in der Kirche mit Orgel klingen die Frauenstimmen ganz reizend.*[115] Und im 1860 verfaßten *Averimento* für den Hamburger Frauenchor ist der ernste Brahms sogar ganz lustig, da heißt es unter anderem: *Pro primo wäre zu remarquiren, daß die Mitglieder des Frauenchors da sein müssen,* unter *pro secundo* steht dasselbe nur mit einer anderen

Ergänzung, denn einmal sollen die Damen überhaupt da sein und zum zweiten sollen sie pünktlich sein. Wichtig war Brahms, der ja singen ließ, was er komponierte, gewiß *Pro quarto ist zu merken, daß die Musikalien großenteils der Discretion des Dames anvertraut sind* . . . Unterschrieben ist das Ganze noch einmal mit:

Der ich verharre in tiefster Devotion und Veneration des Frauenchors allzeit dienstbeflissener schreibfertiger und taktfester

Johannes Kreisler, Jun.
alias: Brahms[116]

Da fanden Aufführungen in Freien in einem großen Garten in Eppendorf statt, das damals noch «draußen» lag; da gab es sinnige Geschenke der Damen. *Ich denke stets der freudigen Überraschung, mit der ich das unter Blumen reizend versteckte Schreibzeug, das Andenken an den Frauenchor erblickte.*[117] Brahms ist sehr empfänglich für die Zustimmung, die er von «seinen» Damen erhält, einige Konzerterfolge machen ihn sicherer, und von *seiner liebsten Schülerin* kann er diesmal sogar an Clara Schumann schreiben, denn es hat nicht gar so viel auf sich damit, auch über England-Reisen kann er in einem ironisch-lockeren Ton schreiben; früher hatte das Thema ihn erbittert, denn es waren die England-Reisen Clara Schumanns gewesen, die ihm die Freundin in der Zeit seiner heftigsten Leidenschaft entzogen hatten. Nun aus Hamburg klingt das alles anders:
Meine liebste Schülerin, Frl. Wagner von hier, ist jetzt da . . . Sie ist ein äußerst liebenswürdiges, bescheidenes und musikalisches Mädchen und muß Dir jedenfalls sehr gefallen. Sie hat manchmal äußerlich eine gelinde Kälte, durch die man aber leicht sieht . . . spielt übrigens sehr hübsch und alles mögliche mit ihren kleinen Fingern . . .
Ich glaube keinesfalls, daß ich einmal nach England gehe, wenigstens nicht eher, bis ich in Schwaben, in wunderschönen deutschen Wäldern herumgelaufen bin, in Tirol, in der Schweiz, in Italien, Griechenland, Ägypten, Ostindien usw. usw. gewesen bin, trotz 3000 Händel-Sängern und wunderschönen Dekorationen und Schlacht-Tableaus in Shakespearschen Stücken . . .[118]
Diese Jahre sind für Brahms voller Anregung, vor allem aber hat er Gelegenheit, die Aufführbarkeit von Musikstücken zu erproben, in Detmold schon mit Chor und gelegentlich mit dem Orchester, in Hamburg mit seinem Frauenchor und dem Damenquartett, das den Kern dieses Chors bildet. Eine wesentliche Anregung kommt hinzu; es ist die durch den Liedersänger Dietrich Stockhausen, der Brahms zunächst als Begleiter schätzt und später Protagonist Brahmsscher Lieder wurde. Da begleitete Brahms die großen Liederzyklen von Beethoven, von Schubert, und wen wundert es, daß er selbst einen Liederzyklus komponieren will? Brahms fand in Tiecks «Phantasus», in den Liedern der «Liebesgeschichte von der schönen Magelone» und des «Grafen von Provence» seinen Text. Die fünfzehn *Magelonen-Gesänge* sind 1861 und 1862 in Hamburg komponiert worden. Sie sind keine Nachfolge Schuberts, sie sind so eindeutig eigenwillig Brahms wie die meisten seiner Werke, eben auch die, in denen er

ganz deutlich auf Formen früherer Komponisten zurückgriff. Max Kalbeck, der in seiner großen Brahms-Biographie fast allen Werken eine ausführliche, oft einfühlsame, häufig etwas bewegt pompöse Interpretation mitgab, hat bei den *Magelonen-Gesängen* etwas sehr Eindrucksvolles und, wie mir scheint, sehr Zutreffendes herausgefunden: «Alle konzentrierte Kraft und Süßigkeit der Gesangsmelodie hat der Komponist sich für den wundervollen Fis-dur-Satz aufgespart, der zwei Abschnitte des Gedichtes in sich vereinigt. Vor- und Nachempfindung des genossenen Glückes fließen in ein Gefühl von wehmütig erklärter Lust zusammen ... Hier berührt sich Brahms mit Wagner. Der herrliche As-dur-Satz im zweiten Akt des ‹Tristan›: ‹O sink' hernieder, Nacht der Liebe› hallt wie ‹Lautenton› aus der Ferne herüber — Isolde und Magelone tauschen einen schwesterlichen Gruß.»[119]

Es ist gut, sich damit nicht nur an Wagner zu erinnern, sondern daran, daß es außerhalb des Damenquartettes, der engeren Freunde, noch eine ganze Welt von Leuten gibt, mit denen es Brahms zu tun hat, die es mit ihm zu tun haben. Zwar hält es Brahms mit Tasso: «Wer nicht die Welt in seinen Freunden sieht, verdient nicht, daß die Welt von ihm erfahre.»[120] Als er Joachim die Partitur seiner zweiten Serenade schickte, schrieb er dazu: *Behalte das Stück noch etwas lieb, bester Freund, es gehört und klingt doch Dir sehr. Woher kommt's denn schließlich, wenn Musik so freundlich tönt, wenn nicht von den paar Menschen, die man so lieb hat wie Dich.*[121] Aber «daß die Welt von ihm erfahre» ist auch für Brahms ein ganz wesentlicher Gesichtspunkt. Er hofft in Hamburg auf größere Wirkungsmöglichkeit; immerhin wurde sein Streichsextett innerhalb weniger Wochen viermal mit Erfolg aufgeführt. Er schreibt an Verleger, zunächst Breitkopf und Härtel, den Verlag, an den ihn ein paar Jahre vorher Robert Schumann empfohlen hatte, aber Verleger sind vorsichtige Leute. Ihnen saß der Mißerfolg des ersten Klavierkonzerts in Leipzig noch fühlbar in den Knochen. Deshalb nahm dieser Verlag von den angebotenen Stücken: *Klavierkonzert, Serenaden, Begräbnisgesang* und *Ave Maria* nur die *erste Serenade* an. Dafür brachte der Schweizer Verlag Rieter-Biedermann in Winterthur im Oktober 1860 das *Ave Maria*, den *Begräbnisgesang, Lieder und Romanzen* und auch das *Klavierkonzert*. Zu Pfingsten 1860 hatte Brahms bei einer Schumann-Gedenkfeier den Sohn eines Verlegers kennengelernt. Das wäre an sich nicht gerade ein aufzeichnenswerter Vorgang, wenn es sich hier nicht um einen besonders begabten Verlegerssohn gehandelt hätte, der dem sicheren Gefühl des Vaters für das Gegenwärtige den Sinn für das Künftige, das Kommende hinzufügte. Außerdem war er ein angenehmer Mensch, der Brahms gefiel. Fritz Simrock ist später d e r Verleger des Brahmsschen Werkes geworden. Zunächst tat sich Vater Simrock auch recht schwer; er nahm erst einmal die zweite Serenade in Verlag und danach bis 1867 nur noch drei Kammermusikwerke. Es ist, von heute aus gesehen, immer wieder überraschend, zu lesen, wieviel Mühe ein inzwischen ja nicht mehr unbekannter Komponist wie Brahms es in den sechziger Jahren des vorigen Jahrhunderts noch hatte, seine Werke an den Mann, und das heißt hier an den Verleger, zu bringen. Natürlich macht es sich Brahms selbst zusätzlich schwer: *Daß ich immer keine eigenen Manu-*

Mit Dietrich Stockhausen

skripte sende, bitte ich Sie dringend, nicht unrecht deuten zu wollen. Meine Unentschlossenheit ist schuld daran, die Hoffnung, ich könnte Besseres schicken! [122] Da Brahms weiß, daß seine Stücke als «schwierig» gelten, versucht er, solche Schwierigkeiten auszuräumen, und schreibt über einige seiner Werke: *Sie sind sehr leicht ausführbar, und ihr Effekt ging immer, so bei einer öffentlichen Aufführung hier, weit über mein Hoffen...* [123] Die große Chance, die durch den beschriebenen Einzug der Musik in die Stuben des Bürgertums entstanden war, für den «Absatz», oder wie man heute, polemisch gemünzt vielleicht, aber sachlich zutreffend sagen würde: für die Vermarktung von Musik – diese Chance hat ihre Kehrseite darin, daß alles möglichst leicht spielbar sein soll. Bis in seine letzten Lebensjahre hinein wurde Brahms zum Beispiel von seinen Verlegern gedrängt, alles mögliche oder unmögliche zwei- oder vierhändig zu setzen.

In der sogenannten Hamburger Zeit, also zu Beginn der sechziger Jahre, ist er noch froh, wenn überhaupt etwas von ihm gedruckt wird. Der Streit mit der Lisztschen Schule der «Neudeutschen», der in diese Zeit fällt und zum Kapitel «Musikstreit» [124] gehört, macht seinen Weg nicht leichter. *Ich glaube, daß das Konzert ein etwas schwieriges Unternehmen ist. Noch dazu gehören die tüchtigen Pianisten jetzt fast durchweg der neudeutschen Schule an, die sich vielleicht nicht um meine Sachen bekümmert.* [125] Brahms kämpft in diesen Jahren sehr bewußt um Anerkennung. Zwar klingt, was er sagt, gelegentlich mutlos, *... aber wenn man so auf die 30 losgeht und fühlt sich schwach wie ich, dann sperrt man sich gern ein und sieht die Wände in seiner Betrübnis an* [126], aber das Bewußtsein, daß er sich mit anderen messen kann, wird zusehends stärker. Er ist in Hamburg ungewöhnlich tätig, er gibt Klavierunterricht, probt mit seinem Chor, komponiert Lieder und Kammermusik, er gibt Konzerte, ja er treibt Sport und lernt Latein. *Ich turne fleißig und fange jetzt Latein an.* [127] Die tief einwirkenden Erlebnisse der Düsseldorfer Zeit mit dem vermutlich doch lösenden und, man kann sagen, ohne es gar zu salopp verstanden wissen zu wollen, wie vom Psychiater verschriebenen «Agathen-Sommer» geben den Hintergrund ab für eine Klärung des Lebensgefühls und des Lebenswillens. Die Hamburger Zeit hat in nichts den Charakter des Endgültigen, sie ist Zeit der Sammlung und Lockerung zugleich. Im Nachhinein kann man sie als Vorbereitung auf die zweite große Begegnung in Brahms' Leben sehen. Die erste war die mit einer Frau – Clara Schumann; die zweite wurde die mit einer Stadt – Wien. Brahms selbst dachte damals viel eher daran, in Hamburg bleiben zu können. Er konnte sich Hoffnung darauf machen, die Leitung der Philharmonischen Konzerte zu erhalten. Die Enttäuschung darüber, daß man ihn schließlich bei der Wahl überging, hat er bis ins Alter mit sich herumgetragen.

In der Hamburger Zeit bestätigte sich für Brahms von außen das, worin er sich selbst längst sicher war: *... ich habe nun einmal viel Spaß an meinen Sachen. Ich glaube wirklich, liebe Clara, ich wachse!* [128] hatte er schon Ende 1859 geschrieben. Wie sehr diese äußere Bestätigung noch eine Sache der nächsten verstehenden Umgebung war, trotz der «Hervorrufe», über die Brahms nach einigen Konzerten berichtete, das zeigen Clara

Schumanns Tagebucheintragungen vom November und Dezember 1861: «Probe von Johannes G-moll-Quartett. Den 16. November. Soiree von mir. Ich war furchtbar nervös, es war wohl die Angst vor dem Quartett, das mir doch so schwer am Herzen lag. Die Herren kratzten oder schliefen, soviel ich mich auch mit ganzer Liebe hingab. Der letzte Satz schlug sehr durch ... December ... Am 3. spielte ich Johannes D-moll-Konzert unter seiner Direction im philharmonischen Concert; ich war wohl die froheste im ganzen Saal, denn obgleich die Anstrengung groß war und nicht weniger die Angst, so überwog die Freude an dem Werke und daß er es selbst dirigierte, alles Andere, auch sogar das dumme Publicum ärgerte mich nicht – es verstand eben gar nichts und fühlte auch nichts, sonst hätte es doch mindestens gehörigen Respect zeigen müssen, dem Componisten ein Zeichen seiner Theilnahme wenigstens geben zu müssen – ist er doch ein Stadtkind!»[129]

Brahms war ja nicht nur ein Kind dieser Stadt, er hing sehr an ihr, *ich bin ganz Hamburger*[130] schrieb er 1859 an Joachim, auch wenn er sich im elterlichen Hause nicht mehr ganz wohl fühlte. *Nun muß ich freilich klagen, daß ich hier ganz wie in der Küche wohne.*[131] Einen Rückblick auf die Hamburger Zeit, auch auf die Eltern, liefert Albert Dietrich in einem Bericht seines Besuchs, während er bei Brahms' Eltern wohnte. «Brahms selbst wohnte, um ruhiger arbeiten zu können, äußerst freundlich in dem Vorort Hamm ... Er spielte mir gegen seine Gewohnheit aus den Skizzen[132] vor ... In seinem mir sehr interessanten Zimmer schlief ich. Überrascht war ich von seiner reichen Bibliothek, die er sich mit rastlosem Eifer von früher Jugend an gesammelt hatte. Zum Theil hatte er sie auf den Brücken Hamburg's erstanden, wo sich solche Buchhändler aufhalten ... Mit seiner lieben guten Mutter, die mit ihrer schlichten Einfachheit reiche Herzensbildung vereinigte, saß ich Morgens beim Frühstück ... Der Vater verließ meist schon früh das Haus, um seinem Berufe als Contrabassist und als Musiklehrer nachzugehen. Ich ... besuchte eines Tages über Brahms in seiner reizenden Gartenwohnung, wo wir uns mit dem Durchsehen seiner neuesten Arbeiten ... beschäftigten ... Eine große musikalische Freude bereitete uns in diesen Tagen ein anmutiges Damenquartett, das uns im Nachbargarten vierstimmige Lieder von Brahms ganz prächtig vorsang.»[133]

Da ist noch einmal alles beieinander aus Brahms' Hamburger Umgebung: die Eltern und das Damenquartett und der Raum, den Brahms immer brauchte, «um ruhiger arbeiten zu können», wenn er seine musikalischen Gedanken lange genug spazieren getragen hatte.

Zwei bedeutende Variationswerke stammen aus der Hamburger Zeit: die *Schumann-Variationen* op. 23 und die *Händel-Variationen* op. 24. Zu den von Brahms bevorzugten Musikwerken der Vergangenheit gehörten die Bachschen Goldberg-Variationen. Max Kalbeck berichtet, daß Josef Gänsbacher seinen Freund Brahms am Klavier sitzend antraf, als der gerade (im Februar 1865) die Nachricht vom bevorstehenden Tod seiner Mutter erhalten hatte. «Er spielte die Bachschen Variationen, während ihm die Tränen über die Wangen liefen, ließ sich vom Besuch aber nicht stören, sondern sagte nur: *Das ist wie Öl.*»[134]

In den Variationswerken, die sich offen wie keine andere Werkart auf die musikalische Tradition beziehen, wird auch die Brahmssche Assimilationskraft hervorragend deutlich. Von den *Händel-Variationen* spricht er als von seinem *Lieblingswerk*. Wieder muß er um die Drucklegung kämpfen. *Ich möchte nicht so schnell meinen Wunsch aufgeben,* schreibt er an Breitkopf und Härtel, *dies, mein Lieblingswerk, bei Ihnen erscheinen zu sehen. Wenn also vor allem das zu hohe Honorar Sie hindert, das Werk zu übernehmen, so bin ich gerne bereit, Ihnen dasselbe für 12 Frdr. oder, falls Ihnen auch dies zu hoch scheint, für 10 Frdr. zu überlassen. Ich hoffe sehr, es kommt Ihnen nicht der Gedanke, ich habe das erste Honorar ganz willkürlich gewählt. Ich halte dies Werk für viel besser als meine früheren, und auch für viel praktischer und also leichter zu verbreiten . . .*[135]

Etwas Geld besitzt Brahms um diese Zeit schon. Sein Auftreten als Pianist in vielen Konzerten hat ihm durchaus etwas eingebracht, und zurückhaltend sparsam, oder soll man sagen «hamburgisch», wie er war, blieb auch damals schon etwas übrig davon. Er «sitzt» aber nicht darauf; zum Abschied von Hamburg soll die Anekdote nicht fehlen: «*Du, Vater,* sagte Brahms, beim Abschiednehmen den Vater schelmisch betrachtend, *wenn es dir einmal schlecht gehen sollte, der beste Trost ist immer die Musik. Lies nur fleißig in meinem alten Saul, da wirst du finden, was du brauchen kannst.* Er hatte den Band reichlich mit Banknoten gespickt.»[136]

Am 8. September 1862 fährt Brahms zum erstenmal nach Wien, wie man weiß vor allem aus dem Grund, weil das Komitee der Hamburger Philharmonischen Konzerte ihm vorsichtig nahegelegt hatte, sich möglichst weit zu entfernen, damit man ihn «zurückholen» könne. Eine der ersten Mitteilungen aus Wien: *Ja, so geht's! Ich habe mich aufgemacht, ich wohne hier, zehn Schritt vom Prater und kann meinen Wein trinken, wo ihn Beethoven getrunken hat.*[137]

Mit Wien betritt Brahms sozusagen musikalischen Urboden. Franz Grasberger hat Wiens besondere Anziehungskraft für Brahms kompetent beschrieben: «Die Stadt war in Behagen getaucht, ihr Sinn Freundlichkeit und Daseinsfreude, und die Bewohner waren ein Volk der Liebenswürdigkeit und der natürlichen Musikalität . . . Wien war ein Dorf und war doch zugleich Großstadt, in deren befreiender Luft man allein untertauchen konnte, wenn man wollte, deren Dorfcharakter aber andererseits wieder bei unbeschwerter Geselligkeit ein Entspannen gestattete. Dies eigentümlich doppelgesichtige Wesen der Stadt, die Behaglichkeit über das ihr innewohnende Gegensätzliche sanft ausgleichend breitete, mußte auf jedes Künstlerherz seine Wirkung ausstrahlen; für Johannes Brahms wurde es zur besonderen Anziehungskraft . . .»[138]

Brahms war kaum in Wien angekommen, da gab es auch schon das erste große Wort über ihn. Solche großen Worte klingen in den Ohren von Zeitgenossen meist fatal, in diesem Fall war es später dem Urheber selber außerordentlich fatal, zu einer Zeit nämlich, zu der er sich auf die Gegenseite geschlagen hatte. Zu welcher Gegenseite? Wien war eine Stadt musikalischen Urbodens, konnte mit Recht behauptet werden, mit demselben Recht ließe sich sagen: Wien war eine Stadt mit einer Art intriganten

Urparketts, oder besser einer Art urintriganten Parketts. Auch dies erfuhr
Brahms im Laufe der Zeit. Das große Wort, das Brahms beim ersten Wiener Besuch ansprang und mit dessen Anspruch er sich auseinanderzusetzen hatte, es kam spontan. Im Hause des Pianisten Julius Epstein, bei dem
Brahms eingeführt war, spielte im Oktober 1862 Joseph Hellmesberger
mit Brahms vom Blatt dessen *g-moll-Quartett*. «Das ist der Erbe Beethovens!»[139] rief Hellmesberger nach beendetem Spiel. In der Begeisterung war das schnell gesagt. Wie alle derartigen Etiketts ist es unbrauch-
bar für eine relevante Klassifizierung; in dem einen Moment gesagt, war
es sogar ungewöhnlich zutreffend. Hellmesberger hätte es nicht nötig
gehabt, sich später damit zu entschuldigen, er habe vorher zuviel Wein
getrunken. Denn gerade in der Kammermusik Brahms' ist der Eindruck der
Beethoven-Nachfolge am ehesten berechtigt; auch wenn Brahms im symphonischen Werk bis zum Beethoven-Zitat geht, bleibt es die Kammermusik, dieses aus vielen Gründen sein ureigenes Gebiet, in dem er den
Anschluß an die späten Beethovenschen Werke tatsächlich fand. Mit dem
Hellmesbergerschen Wort vom Erben Beethovens hat es zugleich aber eine
eigentümlich wienerische Bewandtnis: das Haus nämlich, in dem es
gesprochen wurde, war dasselbe, in dem Mozart von 1784 bis 1787 lebte
und «Figaros Hochzeit», die «Maurerische Trauermusik» und das d-moll-
Konzert – das Brahms in Konzerten übrigens häufig spielte – geschrieben
hatte. In diesem Haus waren Haydn die ihm gewidmeten Streichquartette
Mozarts vorgespielt worden; in diesem Haus auch soll es gewesen sein,
daß Beethoven Mozart vorspielte. Mußten diese Steine nicht ein Echo bieten, das zu großen Worten verführt?

Die erste Aufnahme, die Brahms in Wien fand, war warm und angenehm. Noch, muß man hinzufügen, sah niemand einen Rivalen in ihm. Fast gegen seinen Willen oder jedenfalls ohne sein Zutun wurden auch gleich Konzerte mit ihm organisiert; zunächst am 16. November 1862 im Vereinssaal, dem Konzertsaal der «Gesellschaft der Musikfreunde», in einem der Hellmesbergerschen Quartettabende mit Brahms' *g-moll-Quartett*; dann am 29. November 1862 folgte ein eigenes Konzert Brahms' mit dem *Klavierquartett in A-Dur*, den *Händel-Variationen*, Bachs F-Dur-Toccata für Orgel und Schumanns C-Dur-Phantasie, op. 17.

Ich hatte gestern, schreibt Brahms anschließend an seine Eltern, *große Freude, mein Konzert ist ganz trefflich abgelaufen, viel schöner als ich hoffte.*

Nachdem das Quartett recht wohlwollend aufgenommen war, habe ich als Klavierspieler außerordentlich gefallen. Jede Nummer hatte den reichsten Beifall, ich glaube, es war ordentlich Enthusiasmus im Saal ... Ich habe so frei gespielt, als säße ich zu Haus mit Freunden, und durch das Publikum wird man freilich ganz anders angeregt als von unserm.

Die Aufmerksamkeit sollt ihr sehn und den Beifall hören und sehen ...[140]

Etwas, das Brahms in Wien sogleich entdeckte, das er auf der Stelle liebte und dem er treu blieb, war die Wiener Volksmusik. Damals gab es fliegende Kapellen, die von Schenke zu Schenke zogen, Brahms hörte ihnen ausgesprochen gern zu, genauso wie der ungarischen Damenkapelle im Prater. Aber auch da, wo man in Wien ein großes Haus führte, war Brahms bald eingeführt. Er gab Klavierstunden, so der jungen Julie Schuttermayer-Asten, deren Mutter häufig Gäste einlud. Brahms lernte hier Marie Wilt, eine spätere Brahms-Lieder-Sängerin, kennen und deren Lehrer Josef Gänsbacher, der ein guter Freund wurde. Bald kam der Pianist Carl Tausig hinzu. «Brahms lud sich gern in der fashionablen Wohnung zu Gast, die Tausig in der Währinger innehatte ... spielte mit ihm vierhändig oder lag auf dem Diwan, konsumierte den ältesten Kognak und die neuesten schlechten Witze, rauchte türkischen Taback und ließ sich von Tausig in die Geheimnisse der Schopenhauerschen Philosophie einführen.»[141] Wien empfing seinen neuen Bürger, der noch nichts davon wußte, daß er ein Wiener Bürger werden würde, sehr freundlich. Brahms aber dachte an Hamburg. Und als die Nachricht kommt, daß nicht er, sondern Julius Stockhausen die Leitung der Hamburgischen Philharmonie erhält («Die Kränkung Johannes wird die Kunstgeschichte nicht vergessen»[142], schreibt der aufgebrachte Joachim nach Hamburg), da sieht sich Brahms getäuscht und ist verletzt. ... *ein viel traurigeres Ereignis, als Du denkst und vielleicht begreiflich findest*, schreibt er an Clara Schumann. *Wie ich überhaupt ein etwas altmodischer Mensch bin, so auch darin, daß ich kein Kosmopolit bin, sondern wie an einer Mutter an meiner Vaterstadt hänge ... Nun kommt dieser feindliche Freund und stößt mich für—immer wohl, fort. Wie selten findet sich für unsereinen eine bleibende Städte, wie gern hätte ich sie in der Vaterstadt gefunden. Jetzt hier, wo mich so viel Schönes erfreut, empfinde ich doch, und würde es immer empfinden, daß ich fremd bin und keine Ruhe habe ...*[143]

*Ludwig van Beethoven.
Gemälde von Ferdinand Georg Waldmüller*

Stößt mich auf immer fort, Brahms nimmt die «Verbannung» sofort an, so sehr er sich auch beklagt. Denn hier ist wieder ganz deutlich das Brahmssche Lebensmotiv von Suche nach und Flucht vor Geborgenheit zu bemerken. Brahms leidet unter der Ungebundenheit, die er sich doch ängstlich bewahrt. Wäre er kein Bürger, sondern ein Bohemien gewesen, er hätte sich leicht getan mit Tausigs Cognac, seiner Schwärmerei für die Wiener Fidelio-Darstellerin Luise Dunstmann und, Gipfel der Spekulation, einem Werk wie die Paganini-Variationen, das aus der gemeinsamen Freude am Spiel zwischen Tausig und Brahms entstand (Richard Specht nennt es ein «Kompendium der Klaviertechnik im höchsten und vergeistigendsten Sinn»[144]).

Brahms reist noch einmal nach Hamburg. *Ich leide etwas altmodisch an Heimweh, und so werde ich wohl im schönsten Frühling von hier fort und zur alten Mutter gehen.*[145] Zwischen den Eltern gibt es Auseinandersetzungen, die später sogar nur durch getrennte Wohnungen zu lösen sind. Brahms kann jedenfalls finanziell helfen. Er wohnt selbst in Blankenese und komponiert den *Rinaldo*, mit dem er ursprünglich an dem von der

Wien: das Gebäude der «Gesellschaft für Musikfreunde» (ganz links) und die Karlskirche

Aachener Liedertafel ausgeschriebenen Wettbewerb teilnehmen will. Solche Wettbewerbe sind ausgesprochen typisch für diese Zeit bürgerlicher Kunstherrschaft. Die Musikergeneration, zu der Brahms gehört, braucht eben keinen Fürsten Lichnowsky mehr. Die Kunstförderung war in der Tat an das Bürgertum übergegangen. Heute, nach dem Zeitalter des Individualismus, ist sie eindeutig an den Staat gefallen.

In Blankenese über der Elbe erreichte Brahms das Angebot aus Wien, «Chormeister der Wiener Singakademie» zu werden. Brahms nimmt an, wenn auch mit Vorbehalt. *Es ist eben ein besonderer Entschluß, seine Freiheit das erste Mal wegzugeben.* Aber jetzt weiß er auch schon: *Jedoch was von Wien kommt, klingt dem Musiker noch eins so schön, und was dorthin ruft, lockt noch eins so stark.*[146] Als Brahms den Posten annahm, wußte er wahrscheinlich weder, daß er mit denkbar knappster Mehrheit gewählt worden war: 39 zu 38 Stimmen, noch in welcher Konkurrenzsituation sich das Institut befand. Denn als die Singakademie 1858 gegründet worden war, aus Protest dagegen, daß die «Gesellschaft der Musikfreunde» zu wenig für den Chorgesang tat, hatte dieselbe «Gesellschaft der Musikfreunde» im Gegenzug den «Singverein» gegründet, den Johann von Herbeck, ein blendender Dirigent, leitete.

Brahms war, wie auch die Beckerathschen Zeichnungen andeuten, keineswegs ein blendender Dirigent, er hielt, wie man sieht, häufig die eine Hand in der Hosentasche. «Er hat gewiß ebenso ‹in sich hinein› dirigiert, wie er in sich hinein spielte.»[147]

Die ersten Proben mit seinem neuen Chor fanden Ende September 1863 statt, zuvor auf der Reise von Hamburg hatte Brahms in Baden-Baden Station gemacht. Clara Schumann verbrachte dort den Sommer, er lernte Rubinstein und Turgenjev kennen, der ihm später Opernstoffe anzubieten versuchte. Auch das preußische Herrscherpaar und Bismarck waren zur gleichen Zeit dort – Brahms sah sie wohl nur von weitem.

In Wien geht Brahms mit Eifer an sein Chormeisteramt, und auch die Chormitglieder folgen ihrem neuen Meister mit Neugier und Bereitwilligkeit – zunächst. Denn bald erlahmt die Anstrengung, und Brahms kann sich wohl auch, seiner Bach-Vorliebe wegen schon kritisiert, nicht recht durchsetzen. Zu den Proben kommen längst nicht mehr alle; schon das zweite Konzert hatte mehr den Charakter «einer Improvisation oder Vereinsübung als einer Konzert-Produktion»[148]. Die Wiederwahl Brahms' zum Chormeister wurde diesmal zwar einstimmig gefaßt, aber von Brahms nach einem ersten «Ja» dann doch abgelehnt. Er hatte dieser Anstellung nicht froh werden können – nicht weil es eben eine Anstellung war, sondern der praktischen Gegebenheiten wegen. An pädagogischem Talent fehlte es Brahms nicht, das weiß man aus den Berichten über seine Klavierstunden, auch aus den Mitteilungen etwa über den Hamburger Damenchor. Brahms als Klavierlehrer, darüber gibt es eine eindrucksvolle Schilderung der englischen Brahms-Biographin Florence May. Sie lernte Brahms bei einem Sommeraufenthalt in Baden-Baden kennen; es war der Sommer 1871. «Brahms war schon damals, als ich ihn kennenlernte, in der Blüte des Lebens: er war achtunddreißig Jahre alt. Unter Mittelgröße, hatte seine Gestalt etwas Breites und Festgebautes, obschon noch ohne Hinneigung zur Wohlbeleibtheit, die sich erst später entwickelte. Er hatte den blonden deutschen Typus, mit hellem schlichten Haar, das er lang und von den Schläfen zurückgebürstet trug. Sein Gesicht war glatt rasiert. Das auffallendste physische Kennzeichen bei ihm war das mächtige Haupt, mit der prächtigen geistreichen Stirn ... In Brahms' Benehmen war eine Mischung von Geselligkeit und Zurückhaltung ...»[149] Die Beschreibung zeigt den «mittleren» Brahms. Er trägt noch keinen Bart, neigt noch nicht zur Wohlbeleibtheit; das wichtigste Kennzeichen: die «Mischung von Geselligkeit und Zurückhaltung». Sehr beeindruckt hat es die englische Besucherin auch, daß Brahms beim vierhändigen Klavierspiel mit Clara Schumann «die geliebte Zigarre oder Zigarette während der Ausführung zwischen den Lippen behalten»[150] durfte. Als Klavierlehrer beschreibt sie ihn so:

«Er war streng und bestimmt; er war sanft und geduldig und ermutigend; er war nicht nur klar, er war das Licht selbst; er kannte jedes Detail technischen Studiums erschöpfend, konnte es beibringen und brachte es in der möglichst knappen Art und Weise bei ...

Er war nie gereizt, nie gleichgültig, sondern half, feuerte an und ermutigte zu jeder Zeit. Eines Tages, als ich mich über die frühere mangelhafte technische Ausbildung beklagte, aus der meine jetzigen Fingerschwierigkeiten entstanden waren, sagte er: *Es wird schon kommen; es kommt nicht in einer Woche, auch nicht in vier Wochen!* ... Wie liebte er die Bach'schen Vorhalte: *Hier muß es klingen*, pflegte er zu sagen, auf die gebundene Note deutend, und er bestand darauf, daß ich, ohne die Vorbereitung forcieren zu dürfen, letztere so anschlage, daß sie die möglichst volle Wirkung der Dissonanz gab. ‹Wie soll ich das klingen machen?› fragte ich ihn bei ein paar Takten eines Themas, dessen Noten für den dritten, vierten und fünften Finger der linken Hand gesetzt waren und deutlich aber leise gespielt werden sollten. *Sie müssen speziell an die Finger denken, mit denen Sie spielen, und nach und nach wird es herauskommen*, antwortete er.» [151]

Dieser Ausschnitt aus Erinnerungen an den Klavierlehrer Brahms zeigt mehr als diesen. Die handwerkliche Sorgfalt, die darin zum Ausdruck kommt, gewinnt aber erst Bedeutung als Charakteristikum für den Musiker Brahms durch eine Ergänzung, die für das Werkverständnis typisch ist. «Alles, was Sie heute gesagt haben, ist mir ganz neu», sagte Florence May ihrem Lehrer Brahms nach der ersten Mozart-Stunde. «*Es steht alles da*, erwiderte er auf die Noten deutend.» [152]

Klavierunterricht gab Brahms nach dem Ende seiner Tätigkeit als Chormeister auch in Wien; seine Schülerinnen werden meist zu Verehrerinnen, manchmal zu lebenslangen Freundinnen, dann freilich erst, wenn sie, wie Elisabet von Stockhausen, spätere von Herzogenberg, verheiratet waren. Von ihr als einer großen «Seelenfreundin» ist noch zu erzählen.

Schon während seines ersten Aufenthalts in Wien hatte Brahms sich mit dem wenig sorgfältig betreuten Werk Schuberts beschäftigt.

Überhaupt verdanke ich die schönsten Stunden hier ungedruckten Werken von Schubert; deren ich eine ganze Anzahl im Manuskript zuhause habe. So genußvoll und erfreuend aber ihre Betrachtung ist, so traurig ist fast alles, was sonst daran hängt. So z. B. habe ich viele Sachen hier im Manuskript, die Spina oder Schneider gehören, und von denen es nichts weiter als das Manuskript gibt, keine einzige Kopie! und die Sachen werden bei Spina so wenig als bei mir in einem feuerfesten Schrank aufbewahrt.

Zu unglaublich billigem Preis kam neulich noch ein ganzer Stoß ungedruckter Sachen zum Verkauf, den zum Glück die Gesellschaft für Musikfreunde erwarb. Wie viel Sachen sind zerstreut, da und dort bei Privatleuten, die entweder ihren Schatz wie Drachen hüten oder sorglos verschwinden lassen ... [153]

Es bleibt nicht die einzige Arbeit dieser Art, die Brahms geleistet hat. Dieses Aufarbeiten des Überkommenen und Bestehenden ist kennzeichnend für das, was man seine erhaltende Sinnesart nennen könnte. Brahms hat nicht nur die Technik der älteren Musik studiert, er hat für die Bewahrung und Revision der Werke früherer Komponisten gearbeitet. Wie er zur Musik der großen Vorgänger stand, hat er im Scherz und in allem Ernst klargemacht. Im Scherz etwa in dem anekdotenhaften Ausspruch anläßlich einer Weinprobe. Es war im Jahre 1876. Als kostbarsten Tropfen gab es einen Rauentaler Fünfundsechziger. Einer jener kunstliebenden Kommerzienräte befand: «Was Brahms unter den Komponisten, das ist dieser Fünfundsechziger unter den Rheinweinen!» Darauf Brahms: *Dann geben Sie uns doch mal ne Flasche von dem alten Bach.* [154]

Brahms übernimmt die Revision des Mozartschen «Requiems» für die

1874

«Kritische Gesamtausgabe» von Mozarts Werken bei Breitkopf und Härtel. Ganz beredt wird der mit dem Älterwerden immer schreibunlustigere
Brahms, als ihm der Freund und Kritiker Eduard Hanslick zwei Jugendwerke Beethovens schickte, die als verschollen galten. *Lieber Freund, Du
bist abgereist und hast mir einen Schatz hinterlassen . . . Stände aber kein
Name auf dem Titel, man könnte auf keinen andern raten — es ist alles und
durchaus Beethoven! Das schöne edle Pathos, das Großartige in Empfindung und Phantasie, das Gewaltige, auch wohl Gewaltsame im Ausdruck,
dazu die Stimmführung, die Deklamation und in beiden letzteren alle*

63

Besonderheiten, die wir bei seinen späteren Werken betrachten und bedenken mögen . . .[155]

Aus allem, was über Brahms' Beschäftigung mit der Musik früherer Komponisten zusammengetragen werden kann, geht die uns heute sehr entsprechende Sorge um den Verlust großer Werke der Vergangenheit hervor. Viel mehr als im Jahrhundert vor ihm tritt das Gefühl hervor, daß es Unwiederbringliches überhaupt geben könnte. Brahms steht hier in der Nachfolge Mendelssohns, der die Wiederbelebung Bachs mit unvergleichlicher Hingabe betrieben hatte. Für Brahms scheint es allerdings eine zweitrangige Frage gewesen zu sein, daß die überkommenen Werke nun auch der Welt zugänglich gemacht wurden; im Gegenteil, er hatte etwas gegen das uferlose Drucken.

Das Drucken ist jetzt so sehr Mode geworden, namentlich das Drucken von Sachen, die dies gar nicht beanspruchen.

Du kennst meinen alten Lieblingswunsch, man möchte die sogenannten Werke unserer Meister – der ersten sogar, gewiß aber der zweiten – nicht gar zu sämtlich drucken, aber, und nun wirklich vollständig, in guten Kopien den größeren Bibliotheken einverleiben . . .[156]

Brahms, auch darin ganz Kind seiner Zeit, dachte nie in größeren sozialen Einheiten. Hier war das bewahrenswerte Werk der Meister, hier war er, der ganz darauf fußte, hier waren noch ein paar andere, die sich darauf verstanden; das war alles und war doch schon eine ganz ungewöhnlich, wenn man es von heute aus sieht, «moderne Position». Denn das Jahrhundert lebte seinen neuen und neuesten Errungenschaften, und wenn es reproduzierte, war es sich dessen nicht bewußt. War Brahms sich dessen bewußt? Und was heißt bei ihm Reproduktion? Gewiß nicht Epigonentum. Einen folgenreichen Irrtum beging Hanslick, der Eiferer f ü r Brahms und g e g e n Wagner. Die Wagner-Gegnerschaft freilich machte ihn unsterblich, denn Wagner setzte ihm im Beckmesser der «Meistersinger» sein Denkmal. Im Entwurf des Personenverzeichnisses steht sogar noch: «Veit Hanslick, Schreiber». Der Irrtum, den Hanslick im Falle Brahms beging, war, daß er in ihm das «Haupt» einer Richtung sehen wollte. Brahms aber war ein so eindeutig auf sich bezogener Künstler, war so introvertiert, daß er wohl für nichts so schlecht disponiert war wie dafür, eine Schule zu bilden. Natürlich hat das etwas mit seinem Rückwärtsbezogensein zu tun. Weithin ist kein Komponist zu erblicken, der so wenig augenscheinlich «Neues» auf den Weg brachte und doch so viel einzigartig Originäres. Die «Brahminen», eine Erfindung Hanslicks, sind Anhänger, Bewunderer; sie waren und wurden keine neue Schule.

Eduard Hanslick (1825–1904) hat eine große Rolle in Brahms' Leben gespielt. Er war, und das ist wiederum eine Erscheinung des individualistischen 19. Jahrhunderts, die sich bis in die zwanziger, dreißiger Jahre unseres Jahrhunderts erhalten hat, einer jener nahezu allmächtigen Kritiker. Jedenfalls urteilten sie so apodiktisch, als seien sie allmächtig. Heute verschwindet der Name des einzelnen Kritikers hinter der Institution, für die er schreibt. Man weiß nicht, ob man das bedauern oder begrüßen soll. Unsere großen Zeitungen, Zeitschriften und Rundfunksender setzen ein-

heitlich anspruchsvolle Maßstäbe, sie implizieren einen größeren Hang
zur Objektivität, aber sie nivellieren gleichzeitig. Die Kritik des 19. und
beginnenden 20. Jahrhunderts lebte vom subjektiven Engagement des
Kritikers, sie war unbefangener und ungerechter, als sie es heute ist, voller
Emotion und dadurch natürlich auch geeignet, Emotionen hervorzurufen.
Hanslicks streitbare Zuneigung zu Brahms entsprang wahrscheinlich eher
seiner streitbaren Abneigung gegen Wagner als einem tiefgreifenden Verständnis Brahmsscher Musik. Aber vielleicht tut man ihm schon Unrecht
mit einer so kategorisierenden Bewertung. Er war nicht leicht zu fassen,
und auch Brahms selbst macht es uns Heutigen nicht leichter: *Ich glaube,
daß Hauslick zu meiner Musik niemals ein wirkliches Verhältnis gehabt
hat.*[157] Und dann die Aussage, die das verneinte Verständnis eigentlich ein-
schließt: *Ich kann mir nicht helfen, ich kenne wenig Menschen, für die ich
so herzliche Zuneigung habe wie für ihn. So einfach, gut, wohlwollend,
ehrlich, ernst, bescheiden und was alles zu sein, wie ich ihn kenne, halte
ich für etwas sehr Schönes und sehr Seltenes.*[158] Hanslick war nicht nur

Kritiker, er hatte als erster einen Lehrstuhl für Ästhetik und Geschichte der Musik an der Wiener Universität inne; er hatte die Hand im Spiel, als Brahms nun doch ein zweites Mal in eine feste Anstellung ging. Im Herbst 1872 wurde Brahms Leiter des Singvereins und Dirigent der Gesellschaftskonzerte. Damit war er nun der «Gesellschaft der Musikfreunde» verbunden. Er hatte seine Wohnung in der Karlsgasse 4, das Haus steht heute nicht mehr, aber das Musikvereinsgebäude ist wieder so errichtet, wie es zu Brahms' Zeit erbaut wurde, und wo heute sein Denkmal steht. Ein wenig vom genius loci wird der Besucher immer noch empfinden, wenn er von einem Fenster des Musikvereinsgebäudes auf die Karlskirche blickt, zu deren Architektur sich Brahms hingezogen fühlte.

Hanslick, der geschickteste, wenn man so will weltläufigste und auch ein wenig oberflächliche unter den Brahms-Freunden machte seinem Ärger über Brahms' Eigenbrötelei als Musikdirektor immer noch witzig Luft: «Es fehlt in Wien nicht an einem Publikum, das die ernste Schönheit der Musik verehrt», schreibt er nach dem Gesellschaftskonzert vom 6. April 1873, bei dem Brahms die Bach-Kantate «Liebster Gott, wann werd' ich sterben» und das Requiem von Cherubini aufführte, «und aufsucht, aber hier so wenig wie anderswo pflegt man Konzerte eigens zu dem Zweck zu besuchen, um sich nacheinander protestantisch und dann katholisch begraben zu lassen»[159].

Brahms übertreibt die Ernsthaftigkeit. Ist es zu kühn, zu sagen, daß er sie mit Eifer übertreibt, wiederum aus einem bewußt-unbewußten Zwang, sie der «Behaglichkeit» entgegenzusetzen? Er ist ja nicht einfach «düster», denn schließlich blieb er in Wien oder kehrte immer wieder dahin zurück, weil er die höhere Heiterkeit, der das Wissen um Vergänglichkeit einen tieferen Grundton beimischte, als eine Entsprechung seines Lebensgefühls empfand. Dennoch bewahrte er sich die Scheu, sich auszusingen. Und einfühlsame Freunde kommen ihm dabei in seiner Musik frühzeitig auf die Schliche. «. . . ob Sie nicht auch bös sind, daß es Sie so flink reute, so warm geworden zu sein . . .?»[160] Das steht in einem langen Brief, den ihm Elisabet von Herzogenberg am 20. Oktober 1885 über seine *e-moll-Symphonie*, die vierte, schrieb.

Elisabet von Herzogenberg (1847–92), die hier schon als Seelenfreundin angekündigt worden ist, war die Frau des Freiherrn Heinrich von Herzogenberg, der seine Juristenkarriere beendete, um sich ganz der Musik zu widmen; er studierte bei Otto Dessoff, Hofkapellmeister und Dirigent der Philharmonischen Konzerte. Brahms hat ihn hochgeschätzt – und überschätzt. *Der Herzogenberg kann mehr als wir alle zusammen.*[161] Die Frage nach Brahms' Verhältnis zu zeitgenössischen Komponisten, seinem Verständnis für ihr Werk ist bei einem Mann, der aus Verzicht und Anlage so auf sich selbst bezogen lebte, schwer zu beantworten. Sie gewinnt in seiner Stellung zu Wagner, ungleich wichtiger aber in seiner Stellung Bruckner gegenüber, Bedeutung. Elisabet von Herzogenberg war eine begabte Pianistin. «Ich war entzückt von ihrem Talent und überrascht von ihren Fortschritten. Sie hatte den weichsten Anschlag, die geläufigste Technik, die rascheste Auffassung, das ungewöhnlichste Gedächtnis und den seelen-

Das wiedererbaute Haus
der «Gesellschaft der
Musikfreunde»

Karlsgasse 4

vollsten Ausdruck im Spiel – mit einem Wort, sie war ein Genie! Dabei war sie wunderschön, klug, hochgebildet, edel und von bestrickender Liebenswürdigkeit im Umgange. Man mußte sich in sie verlieben.»[162] Dieser Schilderung, die ihr Lehrer Julius Epstein von ihr gibt, ist nur eines hinzuzufügen, nämlich daß Brahms, nachdem er die schöne Frau 1874 bei seinem ersten Besuch in Leipzig nach der Niederlage, die ihm die Leipziger auch bei der Aufführung seines *Requiems* 1869 abermals (man denke an das Fiasko beim ersten Klavierkonzert) bereitet hatten, wiedersah, sich tatsächlich in sie verlieben mußte. Er konnte es ohne Gefahr für seine Freiheit, für seine Unbehaustheit tun. Es wurde eine neue Art der Verbindung zu einer Frau, sagen wir eine geklärte Verständnisinnigkeit, die sich auch und gerade auf seine Arbeit bezog. «Sie wissen, welche Freude jeder Hobelspan aus Ihrer Werkstatt in der Humboldtstraße erregt...»[163]

Ein Bild von Brahms' Empfinden und Verhalten läßt sich mit Hilfe der Menschen, die ihm nahestanden, deswegen geben, weil er ganz in diesem begrenzten Kreis lebte. Bei wenigen Künstlern ist so wenig vom Publikum die Rede. Brahms, der einzelne, ist dem einzelnen verbunden, er, den die Berühmtheit, die ihm seine Werke auf die Dauer erwarben, nicht weniger unwirsch abwehrend machte und nicht weniger schüchtern, ist auf die Bestätigung durch Menschen angewiesen.

Sehr verehrte und liebe oder sehr liebe und verehrte Freundin! schreibt er an Elisabet von Herzogenberg. *Mit einer gewissen Scheu – aber bekennen will ich doch, daß Ihr Brief eine wahre Wohltat gewesen ist. Ich glaubte nämlich, Sie hätten was gegen mich. Das ist nun doch wohl nicht? Und da Sie selbst meinen, daß ich ein ganz guter Mensch sein müsse, ich Sie dessen auch ernstlich versichern kann, so gebe ich zu bedenken, daß man andrer Sachen wegen nicht auseinander laufen sollte, da man auf dem raschen, kurzen Lauf durchs Leben doch nicht viel Gutes und ganz Gute findet.*

Haben Sie also besonderen Dank für das Labsal, das mir der liebe Brief war. Unterdrücken Sie aber nicht, was Sie mir Freundliches über meine Musik sagen können. Es tut doch immer wohl, gestreichelt zu werden, und die Menschen sind im allgemeinen stumm, bis sie «was zu nörgeln haben».[164]

Das ist der ganze Brahms, *mit einer gewissen Scheu* wirbt er um eine Freundschaft, die ihm sicher ist und auch noch um ein freundliches Wort für sein Werk, das die Anerkennung der Welt inzwischen gewonnen hat. Mit 46 Jahren schreibt er im spröden Ton eines Jünglings, und 1888, also neun Jahre später, ist er immer noch auf seiner Hut: *Nochmals allerschönsten Dank, und wenn Sie etwa doch aus Güte den letzten Brief überzuckert haben sollten, so schicken Sie die Pfefferbüchse nachträglich Ihrem Joh. Br.*[165] Hier ist es ganz deutlich: Erfolg und Behaglichkeit haben ihn nicht überwältigt. Seine Konzertreisen sind längst Erfolge. 1879, als der zuerst zitierte Brief geschrieben wurde, waren die *1.* und die *2. Symphonie*, das *Violinkonzert*, das *3. Klavierquartett* und das *3. Streichquartett* aufgeführt. Und noch etwas anderes hatte es gegeben: einen Riesenerfolg und einen solennen Skandal, beides mit den *Ungarischen Tänzen*, dem ersten

Vom Geld ist die Rede, von wem noch?

«Es ist entweder der Teufel...

... oder der Sachse», rief Domenico Scarlatti, als er zum erstenmal den Mann spielen hörte, von dem hier die Rede ist. 21jährig war er nach Italien gekommen. Frühere Angebote reicher Gönner, ihm die Reise zu bezahlen, hatte er abgelehnt. Vom finanziellen Erfolg seiner beiden ersten Opern konnte er genug Geld sparen, um nun aus eigenen Mitteln zu reisen.

Sein Ruf drang aus Italien in die Heimat – er wurde Kapellmeister am Hof zu Hannover. Die Stellung erlaubte ihm einen längeren Aufenthalt im Ausland, und dort komponierte er in zwei Wochen eine Oper, die ein Riesenerfolg wurde – vor allem für den Verleger Walsh. Zynisch schlug der Komponist vor, Walsh solle die nächste Oper schreiben und er selbst wolle sie verlegen, um auch mal ans große Geld zu kommen.

Er blieb im Ausland und erhielt, als er 29 war, vom Hof ein Jahresgehalt von 400 Pfund, wenig später 200 weitere Pfund als Musiklehrer der jungen Prinzessinnen. Jetzt ging's ihm finanziell gut. 1000 Pfund erhielt er von einem Herzog für sein erstes Oratorium. Die nächsten Jahre schrieb er, was das meiste Geld einbrachte: Oper auf Oper. Seine Kompromißlosigkeit in künstlerischen Fragen konnte er auf die Spitze treiben: Als einmal die Primadonna Cuzzoni auf eigene Faust andere Arien singen wollte, hielt der Komponist die Dame am ausgestreckten Arm so lange aus dem Fenster, bis sie kapitulierte. Nach fast zwanzig Jahren brachen seine einst florierenden Opernunternehmungen zusammen. Er wandte sich nun der religiösen Musik zu.

Bei allem Ruhm mangelte es ihm weiterhin nicht an Gegnern. Seine Aufführungen konnten sie zwar nicht verhindern, aber sie pflegten an den Kirchenmusik-Abenden Bälle und Bankette zu geben, um ihm das Publikum zu entziehen. So erlitt der 60jährige zum zweitenmal den finanziellen Bankrott. Und wie beim erstenmal war er auch diesmal versessen darauf, alle Schulden aus eigener Kraft zurückzuzahlen. Fünf Jahre später hatte er's geschafft. Er konnte sogar dem Findelhaus noch eine Orgel stiften.

Neun Jahre später starb er, fast völlig erblindet. Von wem war die Rede?

(Alphabetische Lösung: 8–1–5–14–4–5–12)

im eigentlichen Sinn populären Werk des Komponisten. Es ist so, wie Max Kalbeck wehmütig pathetisch schreibt: «Weder seine seelenvollen Lieder, noch seine tiefsinnige, mit süßer Melodie gesättigte Kammermusik, noch endlich sein erhabenes menschlich-schönes Requiem, sondern seine Bearbeitung der ‹Ungarischen Tänze› hat Brahms zuerst wirklich populär gemacht. Wer den Namen Brahms nicht kannte – und wie verhältnismäßig wenige kannten ihn 1869! –, lernte ihn durch ihre Vermittlung kennen. Kein Wunder, daß jeder Primarius einer Zigeunerkapelle hinterdrein der in seinen Rechten verkürzte Erfinder der ‹Ungarischen Tänze› gewesen sein wollte.»[166] Auch der Reisegefährte von 1853, Eduard Reményi fühlte sich beraubt und sagte es laut. Die Erregung war außerordentlich. Freund Joachim schrieb: «Die Anfeindungen wegen der ‹Ungarischen Tänze› sind geradezu kindisch und lächerlich. Erstens hat Brahms ausdrücklich ‹gesetzt› auf den Titel geschrieben, und dann sind sie ja überhaupt allgemein bekannt gewesen, also Gemeingut. Von Reményi hat Brahms gewiß manche erhalten; sie schwärmten gemeinsam für ungarische Musik (wie für alle Volkslieder), als ich sie 1853 bei mir sah. Aber Brahms war überhaupt ein so fleißiger Sammler und so umfassend Kenner, daß er gewiß nicht den ungenauen Magyaren brauchte. Im dritten und vierten Heft sind einige Brahms' eigene Erfindung, und zwar fügte er diese auf Wunsch des Verlegers ein, um besser gegen Nachdruck seiner Bearbeitung zu schützen, Nr. 11, 14, 16 halte ich für ureigenste Brahmse.»[167]

Die Geschichte wäre von der Sache her, um die es ging, heute nicht mehr wichtig genug, wenn da nicht Brahms' eigenes Verhalten wäre, das ein ungewöhnlich scharfes Licht auf seine Lebensanschauung und Betrachtungsweise wirft. Ihn nämlich, um den es geht, scheint die Affäre gar nicht zu rühren. Er läßt zwar verlauten: *Von Reményi konnte ich nicht das rechte lernen, er brachte zuviel Lüge hinein.*[168] Seine eigentliche Antwort sind zwei 1880 veröffentlichte neue Hefte *Ungarische Tänze*; es sind, wie er schon von den ersten sagte, *echte Zigeunerkinder, also nicht von mir gezeugt, nur mit Milch und Blut aufgezogen*[169]. Brahms war auf der einen Seite, wie es Richard Specht wirklich hübsch ausgedrückt hat, «jeder Sorglosigkeit oder gar Frivolität unfähig; er gehörte nicht zu jenen, die sich ihre Zigarre an einer ewigen Lampe anstecken . . .»[170], auf der anderen Seite hatte er eine Festigkeit gewonnen, eine Klarheit, die in der Tat etwas «Klassisches» an sich hatte, das sich durchaus in seinem Werk wiedererkennen läßt, Brahms hatte Entscheidungen getroffen über sein Leben. Nicht von heute auf morgen; sie waren ihm in der neuen Umgebung, in der steigenden Anerkennung seines Werkes zugewachsen. Brahms hatte sich von Clara Schumann gelöst, von Agathe von Siebold, im Grunde schon endgültig von der Vorstellung eines partnerhaften Lebens, er hatte sich endlich auch von Hamburg losgemacht, sich bewußt für Wien entschieden. *Ich meine immer so gern, bei Dir zu Hause sein zu wollen,* schreibt er an seinen Vater, *aber schließlich geht es doch eigentlich nicht. Dieser Lieblings-Idee zu Gefallen habe ich den Winter nun in einem Gasthof-Zimmer zugebracht. Bücher, Noten alles entbehre ich und will ich vernünftig denken, so sehe ich doch ein, daß ich sie in Hamburg nicht gebrauche. Ich muß mich doch entschließen, hier zu wohnen; ich muß mich end-*

lich entschließen, meine Miete da zu bezahlen, wo ich wohnen will . . . Und
sonst, und länger, was soll ich in Hamburg? Außer Dir, wen verlange ich
noch zu sehen? U.s.w. Du weißt selbst sehr gut, wie nichts ich in jeder
Beziehung dort habe. Kurz, ich sehe endlich ein, daß ich irgendwo einiger-
maßen zu Haus sein muß – und nun kommt es heraus – und da meine ich,
will ich mir's zum nächsten Herbst hier in Wien etwas gemütlich
machen . . .[171]

Das Gefühl, als Künstler anerkannt zu sein, kommt hinzu, seit das
Requiem schon bei der Uraufführung in Bremen am Karfreitag 1868
enthusiastisch aufgenommen wurde, und das, obwohl Brahms bei der
Aufführung einige Bedenken hatte. *Mein Werk ist doch recht schwer, und*
in Bremen geht man doch bedächtiger zum hohen a hinauf als in Wien
usw.[172] Wie es nicht anders sein kann, tut aber auch die größere finanzielle
Unabhängigkeit dem werkbestimmten Leben und der «Emanzipation»
gut. Zwar schreibt Brahms einem Verleger noch 1869: *Ich habe den ernst-*
lichen Wunsch, Ihnen recht bald Noten schicken zu können. Leider bin ich
halb Virtuose und halb Komponist. Nur wer das Brod mit Tränen aß, weiß,
was es heißt, jetzt auf dem Klavier die rechten Noten zu haben.[173] Immerhin hat er aber als Pianist und Dirigent so viel verdient, daß er das Geld
von seinen Verlegern fürs tägliche Leben kaum braucht. Und er kann
schon gute Preise verlangen. Aber es ist nicht das *halb Virtuose* sein, das
ihn am Komponieren hindert. Er mag ganz einfach nicht schnell schreiben
und schon gar nicht dazu gedrängt werden. Mit Fritz Simrock, der nach
seines Vaters Tod den Verlag führte und der um jeden Preis d e r Brahms-
Verleger sein wollte, gibt es deshalb manchen Ärger; denn Fritz Simrock
drängelt immer: «Tun Sie garnichts mehr? Soll ich auch in 73 noch keine
Sinfonie von Ihnen haben? – und die Quartette und so viele andere Dinge,
mit denen Sie geizen? . . .»[174] Gerade weil für Brahms die Geldfrage nicht
im Vordergrund steht, belästigt sie ihn, und obwohl sein Verleger beispielsweise an den *Ungarischen Tänzen* ein Vermögen verdient, während
er «abgefunden» wurde und großzügig noch eine Zahlung erhält, ist es
nicht das, was ihn stört. Die Form dieses Pauschalhonorars ärgerte ihn, *das*
leidige Geldverhältnis, wie es zwischen Musikern und Verlegern leider
noch üblich ist. Wir Musiker werden darin wie Kinder und Unmündige
behandelt; wir wissen nicht im geringsten, was und wie eigentlich bezahlt
wird. Ob wir beschenkt werden oder schenken, rauben oder beraubt wer-
den.[175] Brahms ist sich des Problems also durchaus bewußt; im allgemeinen kümmert ihn die prinzipielle Seite nicht. *Alles, was mit drei Nullen*
aufhört, fängt an, mir recht zu sein! Mit der Zahl vornen nehme ich's nicht
so genau![176] Er kann es sich leisten, es nicht so genau zu nehmen, denn es
wird nicht nur alles gedruckt, was er aus der Hand gibt, sondern inzwischen auch gut bezahlt. Gelegentlich wird selbst ihm, der sonst gar zu indi-
vidualistisch auf sich selbst und ein paar Freunde bezogen lebt, die prinzipielle Bedeutung einer Veränderung der Honorierung vom Pauschal- zum
Beteiligungshonorar hin bewußt. *Aber Unrecht ist es, daß ich bei meiner*
Beliebtheit nicht diese Änderung durchgesetzt habe. Ich bin aber zu un-
praktisch, zu faul, zu schwer von Entschluß – und bei meiner traurigen So-
lo-Stellung persönlich eben nicht interessiert – Unrecht aber ist es doch.[177]

Mit Hans von Bülow. Berlin, 1889

Fritz Simrock (1838–1901) spielte den Part des Verlegers gut, den Brahms für die Verbreitung seiner Werke brauchte. Er gehört auf seine Weise ganz sicher in den Kreis der Freunde, auf die bezogen Brahms lebte. Brahms war oft zu Gast in Simrocks Haus, und Simrock hat durch sein früh begonnenes, nie erlahmendes Engagement in Brahms' Werk als Verleger Musikgeschichte gemacht; «den mittelbaren Anteil Simrocks am Gelingen und am Reichtum des Brahms'schen Lebenswerkes wird heute niemand mehr abschätzen können»[178]. Wenn vom Selbstbewußtsein durch Erfolg, durch «Gelingen» die Rede ist, stellt sich wie von selbst der Name Bülow ein.

Hans von Bülow (1830–94) nimmt sich in der Reihe der Freunde von Brahms, die dessen Leben bestimmten und, neben dem Werk, ausmachten, aus mehreren Gründen einigermaßen merkwürdig aus. Bülow war Brahms in Erscheinung und Temperament ausgesprochen unähnlich, ja entgegengesetzt. Bülow war «klein, zierlich, agil, ein Nervenbündel, bissig geistreich, sprühend in Enthusiasmus und Bosheit. Das bewegliche Männchen mit dem schlichten, schütteren Grauhaar, der schönen, klaren, wenn auch oft unmutig gefurchten Stirn, den auffallend hellen, graublauen Augen und dem sarkastischen Mund, dessen mokanter Ausdruck durch das kleine Schnurrbärtchen und die dolchartige Bartfliege am Kinn noch erhöht wurde, quirlte vor Lebendigkeit.»[179] Eine nicht undelikate Variante hatte die Verbindung Bülow–Brahms zu alldem: Bülow war Wagnerianer gewesen – und was für einer. Sein «Übertritt» wird gewiß nicht ganz davon unberührt gewesen sein, daß die Liszt-Tochter Cosima, die seine Frau gewesen war, ihn verlassen und schließlich Cosima Wagner geworden war. *Seine ehelichen Erlebnisse,* hat Brahms einmal gesagt, *haben ihn unglücklich gemacht. Aber auch das Verhältnis zu Liszt. Für den hat er die größte Pietät gehabt, aus seinen Kompositionen zu machen gesucht, was sich machen ließ; kam aber allmählich doch dahinter, daß eigentlich gar nichts daran ist. Er hat mir einmal gesagt: «Ich muß immer so vielgeschäftig und aufgeregt sein, um mich zu zerstreuen. Denn ich habe so Schweres durchlebt, daß mich die Erinnerung daran umbringen könnte.»*[180] Es wäre eine späte Verleumdung, zu behaupten, sein Engagement für Brahms sei nichts als ein Racheakt an Wagner gewesen. Bülow hatte nämlich eines mit Brahms gemein: eine unbedingte Treue zum musikalischen Werk. In dieser Werktreue hatten die beiden Musiker einander gesucht und gefunden. Bülow brachte eine Meisterschaft der Strenge mit, die allein dazu angetan ist, das Werk Brahms' zu erfassen und auszudeuten. «Gefühl ohne Denken ist Dusel»[181] war Bülows Ausspruch. Nach flüchtigen, jedenfalls nie zündenden Begegnungen waren die beiden Musiker eines Tages einfach füreinander reif. Bülow hatte jenes Musterorchester in Meiningen aufgebaut und trainiert. Als die Verbindung sich zu festigen beginnt und Außenstehende sich schon sehr verwundern, kann Brahms wieder einmal nicht anders, als seine Meiningen-Besuche ganz natürlich zu finden. *Über meine Bülow-Fahrten denkst Du wohl, wie andere nicht einfach genug. Ich war in Meiningen, um vor allem ein neues Klavierkonzert in Ruhe und ohne die unbehagliche Aussicht auf ein Konzert spielen und probieren zu können. Das kann ich sonst nirgendwo haben. Nirgendwo sonst aber hätte man es sonderbar gefunden, und hätte ich mir den größten Esel von Musikdirektor ausgesucht. Warum dann hier und bei B., der freilich ein sehr eigengearteter, ein sehr streitlustiger, aber doch ein geistreicher, ernster und tüchtiger Mann ist? Du mußt Dir auch vorstellen können, wie ganz eminent seine Leute eingeübt sind; kommt nun Unsereins dazu und musiziert mit ihnen, wie ihm ums Herz ist, so weiß ich nicht, wo er es vortrefflicher haben kann. Ich versichere Dich, daß ich den Winter oft – wenn so beiläufig die Noten herauskommen, und die Leute Wunder meinen, was sie schon gearbeitet und auch geleistet haben – mit Sehnsucht jener wirklich fleißigen Leute und ihrer schönen Leistungen denken werde . . .*[182]

Bosheiten, wie die Notiz im «Berliner Tageblatt»: «Brahms reist demnächst zu Hans v. Bülow nach Meiningen, um bei ihm sein eigenes, zweites Klavier zu studieren», pariert Bülow mit sichtlichem Vergnügen: «Herr Dr. Brahms will einer dem Unterzeichneten gegebenen Zusage gemäß, der unter des letzteren Leitung stehenden herzoglichen Hofkapelle die Ehre erweisen, ihre Studien seiner symphonischen Werke zu revidieren, resp. zu korrigieren und bei Gelegenheit seines auf den 17. d. M. angesetzten Besuches zugleich sein neues Klavierkonzert (Manuskript) zum ersten Male mit Orchesterbegleitung probieren. Das Studieren wird unsere Sache sein.»[183]

In den achtziger Jahren. Photo Hanfstaengl, Frankfurt a. M.

Die Freundschaft mit Bülow hielt lange, aber auch sie bekam ihren Bruch; denn Brahms kränkte Bülow damit, daß er seine 4. *Symphonie* in Frankfurt statt nur einmal gleich zweimal dirigierte, obwohl ausgemacht war, daß Bülow die zweite Aufführung in Frankfurt leiten sollte. Allerdings waren sich beide auf einer gemeinsamen Konzertreise doch schon gegenseitig auf die Nerven gegangen, obwohl es ein großes Vergnügen gewesen sein muß, wenn das 2. *Klavierkonzert* einmal von dem einen gespielt und vom anderen dirigiert wurde und sie beim nächstenmal die Rollen tauschten. Die Wirkung sieht Clara Schumann sicher richtig. In ihr Tagebuch notiert sie im Januar 1882: «Brahms feiert überall Triumphe, wie man es kaum jemals bei einem Komponisten erlebt. Das hat er nun zum Teil der Vorführung seiner Werke durch die Meininger Kapelle unter Bülow zuzuschreiben ... Mir kam diese Reise mit Bülow, bei Brahms' hoher Stellung als schaffender Künstler, nicht würdig vor, nun er aber endlich mal der Welt in seiner ganzen Bedeutung vorgeführt worden ist, nun bin ich doch erfreut und für ihn beglückt; denn so groß auch der Komponist in sich ist, so hebt ihn die Anerkennung doch noch über sich hinaus ...»[184]

Zwei Jahre später kam auch hier die Versöhnung – auch hier, wie im Falle Joachims, kam die alte Herzlichkeit nicht wieder. Immerhin war es Brahms, der, vielleicht doch ein wenig schuldbewußt, wieder anknüpfte. Er schickte Bülow, als dieser in Wien gastierte, seine Visitenkarte ins Hotel. Darauf standen die Noten zu Paminas «Soll ich dich Teuren nicht mehr sehn?». Sonst nichts. Bülow blieb ein vehementer Streiter für Brahms' Werk. Wie er es sich vorgenommen hatte, «eroberte» er «ihm einen Teil der Nation, der noch nichts hat von ihm wissen wollen»[185]. Bülow war ein Erzieher seines Orchesters, er war auch ein Publikums-Pädagoge. So setzte er ein Werk von Brahms oft gleich zweimal auf das Programm eines Konzerts. In der Tat scheint er einiges für das bessere Verständnis der einzelnen Werke erreicht zu haben.

Meiningen, das hieß ja nicht nur Bülow und sein Elite-Orchester, denn Brahms hat hier «seinen» Herzog gefunden; Georg II. und seine Frau, die Freifrau von Heldburg, waren das, was man ohne ironischen Unterton «kunstsinnig» nennen kann. Brahms kam gern nach Meiningen an einen Hof, dessen Fürst es vertrug, wenn Brahms ihm nach dem Morgenspaziergang zurief: *Ach Hoheit, ich habe vor dem Frühstück noch schnell einen kleinen Spaziergang durch die benachbarten Fürstentümer gemacht.*[186] Brahms erhielt vom Herzog das Komturkreuz und später einen noch höheren Orden. Wie er die Ehrung auch in diesem Fall halb gerührt und dankbar, halb unbekümmert und fast belästigt aufnimmt, zeigen seine brieflichen Versuche, mit der zweiten, höheren Auszeichnung fertig zu werden. Der erste Brief, an die Freifrau gerichtet, demonstriert zugleich, daß Brahms sich an diesem Hof wirklich ungezwungen zu Hause fühlen konnte, und er ist auch noch einmal Ausdruck des Unmutes beim Briefeschreiben: *Hochverehrte gnädige Frau, einige Worte des herzlichen Dankes an Sie zu richten, schiebe ich immer auf. Bleibe ich nämlich vor dem leeren Papier sitzen, so unterhalte ich mich auf das lieblichste mit Ihnen. Das Schreiben stört darin – aber Sie erfahren nur dadurch, wie gern ich zurückdenke, und wie dankbar. Zudem ist es übrigens eine Staatsangelegenheit, weshalb ich schreiben muß. Ich habe nicht, wie Vater Hülsen, den nötigen Gothaer Kalender zur Hand. Ich kann also weder aus diesem noch aus der betreffenden Unterschrift erfahren, wie der Herr Minister heißt, an den ich mich zu wenden habe. Ist es nun gegen alle Staatsraison, wenn ich mir erlaube, Ihnen mein früheres Kommandeurkreuz zuzusenden? Ich darf ja jetzt ein neueres, größeres Zeichen der wirklich außerordentlichen Huld und Gnade Seiner Hoheit tragen. Hätten Sie es doch in Leipzig prangen*

Celestine Truxa

sehen, und die Freude und Lust, mit der Direktor Stägemann meine Toilette besorgte![187] An seine Wiener Hausdame, Celestine Truxa, hatte er in ähnlichem Zusammenhang geschrieben: *Wenn Ihnen nicht zuviel Mühe dadurch verursacht wird, möchte ich Sie um eine Gefälligkeit ersuchen. Im Wäscheschrank steht eine Zigarrenkiste mit dem von Ihnen zusammengenähten Orden. Könnten Sie mir diese wohl nach Meiningen schicken? (M. im Schloß, Herzogtum M.) – Daneben steht auch ein Kästchen mit einem Stern. Falls Sie diesen, mit oder ohne Etui, beilegen können, bitte ich es zu tun, und schließlich wären mir zwei Paar Socken dazu ganz angenehm. – Falls die Verpackung und Sendung aber irgend Schwierigkeiten macht, so unterlassen Sie es gewiß. Denn nötig ist es nicht, durchaus nicht!*[188]

Höhepunkte seiner Neigung, Behaglichkeit vor Ehre zu setzen, ist die zweimalige Weigerung, nach England zu fahren, um den Doktorhut der Universität Cambridge entgegenzunehmen. Er schreibt zwar von der *hohen Ehre*, aber fährt unbekümmert fort: *Aber bedenken Sie vor allem freundlich: ich kann nicht nach Cambridge gehen, ohne auch London zu besuchen, in London aber wie vieles zu besuchen und mitzumachen – das alles aber im schönen Sommer, wo es auch Ihnen gewiß sympathischer wäre, mit mir an einem schönen italienischen See zu spazieren.*[189]

Die Unbekümmertheit, was seine äußere Erscheinung betraf, gehört in diesen Zusammenhang. Er mochte es nicht einsehen, warum er sich mit einem Kragen quälen sollte, trug unter dem schützenden Vollbart, den er trug, seit er fünfzig war, ein kragenloses Jägerhemd. Als ihm der österreichische Leopoldsorden verliehen wurde, dichteten die Wiener Freunde: «Nun hat er doch 'was um den Hals zu tragen, aber es ist leider immer noch kein Kragen.»[190]

Unter diesen Wiener Freunden war einer, der, ein Vertreter des Bildungsbürgertums, das Brahms auf den Schild hob, um im Applaus für den Genius sich selbst zu applaudieren, dennoch auf Brahms einzuwirken vermochte. Bei ihm nämlich, bei Theodor Billroth (1829–94), kam hinzu, daß er durch Verstand und geschulte Musikalität in der Lage war, mehr zu tun, als dem berühmten Freund durch Gastlichkeit zu huldigen. Er tat auch das, und Brahms genoß es sehr, dankte es dem Hausherrn aber nicht damit, daß er sich nun der gesellschaftlichen Form angepaßt hätte. Hierin war der Keim des später unausbleiblich herankommenden Zerwürfnisses gelegt, und auch Billroth leistete sich einen Fauxpas, den Brahms einfach nicht begreifen konnte: Billroth schnitt aus dem Manuskript des *a-moll-Streichquartetts*, das Brahms ihm geschickt hatte, die erste Zeile heraus und hängte sie, unter Glas versteht sich, an die Wand. Brahms konnte diese aus purer Anhänglichkeit und natürlich aus Prunk- bzw. Dekorationssucht begangene Fledderei nicht verstehen. Eine lange Zeit hindurch aber war gerade diese Freundschaft ein großes gegenseitiges Vergnügen. «Heute morgen erlebte ich», erzählte Billroth seiner Tochter am 19. November 1893, «zwei höchst interessante Stunden bei Brahms. Er sprach sehr angeregt mit mir über Melodienbildung und demonstrierte mir die musikalische Schönheit der Bach'schen Sarabanden. Er kann dabei so liebenswürdig und warm sein, daß man nur bedauert, daß er nicht immer so ist.»[191] Wieviel Freude die Auseinandersetzung mit dem gebildeten Arzt machte, und wie er selbst mit theoretischen Fragen beschäftigt blieb, zeigt eine Liste, die Brahms anfertigt, als Billroth anders als Brahms der Meinung ist über das Vorherrschen von Dur und Moll. An Hand einer genauen Aufstellung von Werken Beethovens, Mozarts, Haydns und Clementis beweist er dem Freund, daß er, Brahms, recht hat; er lindert die Schadenfreude mit der Überschrift: *Statistische Beiträge, Dur und Moll angehend: Motto: (Prinz Heinrich) So treiben wir Possen mit der Zeit, und die Geister der Weisen sitzen in den Wolken und spotten unser.*[192] Brahms hat Vertrauen zu Billroths einfühlsamem und dennoch kritischem Musikverstand.

Liebster Freund, schreibt er 1876, *ich wollte, es gäbe zwei Worte, denn mehrere tun's gar nicht, die Dir recht deutlich sagen könnten, wie dankbar ich Dir bin für die Tage, welcher Dein gestriger Mittag beschloß.*

Das Haus am Thuner See

Mit Johann Strauß in Bad Ischl

Ich möchte nicht gerade sagen, das bißchen Komponieren sei eitel Müh und Arbeit, bloß ein fortgesetztes Ärgernis, daß nichts Beßres kommen will – aber Du glaubst nicht wie schön und erwärmend man eine Teilnahme wie die Deine empfindet; in dem Augenblick meint man doch, das sei das Beste vom Komponieren und allem, was drum und dran hängt. So schön und vollkommen wie Du sie zeigen kannst, wird sie einem auch selten . . .[193]

Mit Billroth unternahm Brahms auch 1878 seine erste Italien-Reise. Insgesamt wurden es neun, die er zum Teil eben mit Billroth, sonst mit anderen Freunden, vornehmlich dem Schweizer Autor Widmann, teilte. Diese Reisen nach Italien und Sizilien waren Reisen in eine Gelöstheit, die Brahms nirgendwo sonst kannte, seine Mitreisenden staunten jedesmal über den verwandelten Brahms. Hier ergeht es Brahms, wie es dem so ganz verschlossen scheinenden Norddeutschen oft geht, die Fremde, die absolut andersgeartete Umwelt macht ihn frei. Die Freundin im nun ganz abseits gelegenen Leipzig, Elisabet von Herzogenberg, weiß es, sie kann es in einem Brief an Brahms schildern, wie Brahms es empfunden haben muß. «. . . Lassen Sie sich nur ein bißchen beglückwünschen, daß Sie in Italien gelandet sind; ich freue mich so, daß ich Siena kenne und mir Ihr Entzükken vorstellen kann, wenn Sie auf den herrlichen amphitheatralischen

Marktplatz kommen . . . Ach, wie schön ist dort alles, wie verschwende-
risch, wie geworden und nicht gemacht, wie liebevoll überschüssig an
Licht und Wärme und unbewußter Schönheit, die man schließlich auch
gewohnt wird, als müsse es nur so sein . . .»[194]

Alle anderen Reisen waren entweder Konzertreisen, oder wenn Brahms
im Sommer Wien verließ, tat er es, um an einem schönen Ort zu arbeiten.
Ganz zweifellos bedeutete Natur ihm viel, er liebte es, im Freien, in Wäldern, in Bergen spazieren zu gehen. Es waren, wie schon berichtet, schöpferische Spaziergänge, und die Beschreibung des Augenzeugen Max Kalbeck gehört unbedingt hierher: «In Ischl hatte ich später ein paarmal
unverhofft Gelegenheit, Brahms bei der Arbeit zu belauschen. Frühaufsteher und Naturfreund wie er, war ich an einem warmen Julimorgen sehr zei-
tig ins Freie hinausgegangen. Da sah ich plötzlich vom Walde her einen
Mann über die Wiese auf mich zugelaufen kommen, den ich für einen Bau-
ern hielt. Ich fürchtete, verbotene Wege betreten zu haben, und rechnete
schon mit allerlei unangenehmen Eventualitäten, als ich in dem vermeint-
lichen Bauer zu meiner Freude Brahms erkannte. Aber in welchem
Zustande befand er sich, und wie sah er aus! Barhäuptig und in Hemdär-
meln, ohne Weste und Halskragen, schwenkte er den Hut in der einen
Hand, schleppte mit der andern den ausgezogenen Rock im Grase nach
und rannte so schnell vorwärts, als würde er von einem unsichtbaren Ver-
folger gejagt. Schon von weitem hörte ich ihn schnaufen und ächzen. Beim
Näherkommen sah ich, wie ihm von den Haaren, die ihm ins Gesicht hin-
gen, der Schweiß stromweise über die erhitzten Wangen herunterfloß.
Seine Augen starrten geradeaus ins Leere und leuchteten wie die eines
Raubtieres, – er machte den Eindruck eines Besessenen. Ehe ich mich von
meinem Schrecken erholte, war er an mir vorbeigeschossen, so dicht, daß
wir einander beinahe streiften . . .»[195]

Ob Bad Ischl, Lichtenthal bei Baden-Baden, Tutzing oder die Insel
Rügen, ob Thun mit seinen drei Sommern, Pörtschach wiederum mit
dreien oder Mürzzuschlag in der Steiermark, in allen diesen lieblichen
Orten verbrachte Brahms Arbeits-Sommer. Bad Ischl wird der bevorzugte
Platz, als Brahms sich noch sicherer weiß, daß er sein Stück Arbeit getan
hat, als in jedem Sinne Erntejahre angebrochen waren. Zu den einzelnen
Orten gehörten bestimmte Freunde: in Baden-Baden lernte Brahms durch
Julius Allgeyer, einen jungen Kupferstecher, mit dem er eng befreundet
war, den Maler Anselm Feuerbach (1829–80) kennen. Es gab zwischen
ihnen nur den Beginn einer Freundschaft, die sich aus Übereinstimmun-
gen in künstlerischer Auffassung ergeben mochte – wenn es auch heute
schwerfällt, den antikisierenden Feuerbach in einer Ebene mit Brahms'
absoluter Musik zu sehen. Feuerbach hatte, als er nach Wien übergesiedelt
war, sogar angefangen, Brahms zu porträtieren. Als der ihm aber abriet,
sein Kolossalgemälde «Amazonenschlacht» in Wien auszustellen, soll
Feuerbach das angefangene Porträt von der Staffelei genommen und es nie
wieder berührt haben.

Zu Ischl gehörte Johann Strauß. «Für ihn wie für seine Musik hat
Brahms eine ganze nahe unkomplizierte Neigung gehabt. Schon in Baden-
Baden hatte Brahms die Strauß-Konzerte genossen. Als Strauß auf den

Brahms auf dem Weg zum «Roten Igel». Schattenbild von Otto Böhler.

Das Brahms-Zimmer im «Roten Igel». Zeichnung von Hackler, 1907

sogenannten Autographenfächer seiner Stieftochter Alice die ersten Takte des Walzers ‹An der schönen blauen Donau› setzte, schrieb Brahms, wohl nicht ganz unernst, darunter: *Leider nicht von Johannes Brahms.*»[196]

«Nicht von Johannes Brahms», das läßt sich über die gesamte Opernliteratur setzen, denn Brahms hat zwar sein halbes Leben lang mit dem Gedanken geliebäugelt, eine Oper zu schreiben, es aber nicht getan. Vor Wagner scheint ihm nicht bange gewesen zu sein, oder doch? Jedenfalls schob er es immer auf den Stoff. Er fand keinen, der ihm zugesagt hätte. Immerhin scheint die *Tragische Ouvertüre* als «Faust-Ouvertüre» konzipiert worden zu sein, aber das einzige Werk, das dramatische Formen beanspruchte, der *Rinaldo*, ist nicht gerade ein Beweis dafür, daß im Dramatischen eine Stärke des Komponisten hätte liegen können. Wahrscheinlich wußte er, was er sagte, wenn er Heiraten und Opernschreiben in einem Satz von sich wies.

Das Heiraten hatte er sich ja längst aus dem Kopf geschlagen; dennoch gab es noch einmal, als er um die Fünfzig war, eine Neigung (sie galt der Sängerin Hermine Spieß), die über das Kokettieren mit diesem Gedanken hinausging. Die Nachwelt hat das ungetrübte Vergnügen an dem, was von ihr blieb: die *Lieder op. 96.* «Du hast mir eine große Freude durch die Zusendung Deiner neuen Lieder gemacht», schreibt ihm Theodor Billroth, «sind sie wirklich neu, so hast Du einen so kräftigen gesunden Johannistrieb, wie es Deiner unverwüstlichen, gesunden Natur entspricht. Mir scheint, es steckt etwas dahinter. Um so besser: man wählt solche Texte und macht solche Lieder nicht, um eben wieder einmal aus Gewohnheit zu komponieren. Desto herrlicher für Dich! und für uns!»[197]

Am 23. September 1894

Ostermontag 1894. Beide Aufnahmen von Maria Fellinger

Auch der andere nie ganz aufgegebene Wunsch, der nach fester Anstellung, taucht noch auf, als es für Brahms materiell längst ganz unergiebig sein mußte. 1876/77 verhandelt er noch einmal sehr ernsthaft mit der Stadt Düsseldorf. Er hat *zu nichts auf der Welt ein so feindseliges Verhältnis als zum Briefpapier u. nun gar wenn Wichtigeres Geschäftliches darauf soll*[198], und macht für Briefe an den Präsidenten des Düsseldorfer Musikvereins Entwürfe, in denen er seine Forderungen zusammenstellt, die alle in dem wiederkehrenden Wort «Unabhängigkeit» münden; er selbst bringt ganz im Anfang sogar einen anderen ins Gespräch, er *kann die*

15. Juni 1896.

Letzte Aufnahme

MARIA FELLINGER

Frage nicht gut unterdrücken: wie kommt es, daß man nicht zunächst an *Max Bruch denkt?*[199]. Brahms bricht die Verhandlungen, die sich von Oktober bis Februar 1877 hinziehen, schließlich ab. Wie es um ihn und seine Standfestigkeit in festen Anstellungen bestellt war, das hatte sich auch schon bis Düsseldorf herumgesprochen. In einem Extrablatt über die Zustände des Düsseldorfer Musiklebens jener Zeit, einem «Appell an die Gerechtigkeit unserer Bürgerschaft und deren Vertretung» heißt es zu den Verhandlungen mit Brahms bemerkenswert zutreffend: «Johannes Brahms kennt Düsseldorf, wo er sich zur Zeit Schumanns aufhielt, und wir kennen ihn als einen geistvollen Componisten: Als Dirigenten kennen wir ihn soweit, als er sein Schicksalslied auf dem letzten Musikfeste dirigierte, und daß er nirgends eine Stelle auf längere Zeit behalten hat, weil ihm die künstlerische Freiheit für seine Compositionen erforderlich war. Die Aussicht ist keine unwahrscheinliche, daß Brahms, unter den geschilderten Verhältnissen ... wenn er trotz allem die Stellung annehmen sollte ... höchstens 1–2 Jahre darin verbleiben würde ...»[200] Niemand wird den Wortführern dieser Bürgerinitiative im nachhinein widersprechen wollen. Als Brahms 1879 angeboten wird, Thomas-Kantor in Leipzig zu werden, lehnt er gleich ab, und als schließlich, drei Jahre vor seinem Tod, Hamburg doch noch nach ihm verlangt und ihm die Leitung der Philharmonischen Konzerte anträgt, kann seine Antwort gar nicht anders ausfallen als so: *Es ist nicht vieles, was ich mir so lange und lebhaft gewünscht hätte seiner Zeit – das heißt aber zur rechten Zeit! – Es hat auch lange gewährt, bis ich mich an den Gedanken gewöhnte, andere Wege gehen zu sollen. – Wärs also nach meinem Wunsch gegangen, so feierte ich heute etwa ein Jubiläum bei Ihnen. Sie aber wären in dem gleichen Falle, wie eben heute, sich nach einer jüngeren, tüchtigen Kraft umsehen zu müssen. Möchten Sie diese finden und möchte sie mit so gutem Willen, passablen Können und ganzen Herzen bei ihrer Sache sein, wie es gewesen wäre. Ihr sehr und hochachtungsvoll ergebener J. Brahms.*[201] Als Brahms dies schreibt, hat er den Kampf um Anerkennung längst gewonnen, mehr noch, er ist nach Wagners Tod als «der Erste» fast unisono akklamiert, auch wenn aus Bruckner ein Gegenpapst gemacht worden war. Über diesen und über Brahms' Verhältnis zu anderen Musikern ist hier im Kapitel «Der Musikstreit» nachzulesen.

Der Brahms der letzten Jahre kämpfte nicht mehr. Sein Werk war so gut wie abgeschlossen. Es ist ohne abfälligen Nebensinn festzustellen: der Bürger hatte den Unbehausten eingeholt. Es ist sogar tröstlich, zu sehen, wie das Leben eines Mannes langsam ausschwingt, genauso wie es seiner Art zu sein entsprach: der sich immer wieder gezwungen hatte, seinem Werk Zeit zu lassen, der diesem Werk gegenüber eine Selbstgenügsamkeit aufbrachte und sich darin auch im Alter nicht beirren ließ. *Viel zerrissenes Notenpapier,* schreibt er 1890, *habe ich zum Abschied von Ischl in die Traun geworfen.*[202]

Sein letztes großes Werk, von ihm selbst aus Angst vor dem eigenen Gefühl als *Schnadahüpfeln*[203] tituliert, sind die *Vier ernsten Gesänge.* Die Weigerung, unumwunden darüber zu sprechen, wie nah ihm dies eigene Werk geht, wie unheimlich es ihm ist, bleibt auch bestehen, wenn er dem Verleger schreibt, daß er die *Liederchen* Max Klinger widmen möchte, der ihm 1894 zu Neujahr eine «Brahms-Phantasie» in 41 Radierungen zum Geschenk gemacht hatte und dessen Vater gerade gestorben war. *Daran siehst Du, daß sie nicht gerade Spaß sind – im Gegenteil, sie sind verflucht ernsthaft und dabei so gottlos, daß die Polizei sie verbieten könnte – wenn die Worte nicht alle in der Bibel ständen.*[204]

Brahms, der in Traditionen gebunden lebte, stand auch mehr als andere, die ihr Zeitalter als gar so aufgeklärt empfanden, in einer christlichen Tradition. Es scheint für ihn aber nicht mehr als eben eine Tradition gewesen zu sein; jedenfalls hatte er in der Religion keine Zuflucht. Abstrakte Vorstellungen waren seine Sache nicht. Er war so diesseits gewandt wie irgendeiner. Die große Scheu vor seinen eigenen *Vier ernsten Gesängen*, die so weit ging, daß er sich weigerte, sie im Konzertsaal zu hören, spricht von Lebensangst, aber auch von der Scheu, weiter vorzudringen in etwas Unbekanntes. Die robuste und etwas eigenbrötlerische Figur «auf dem Weg zum ‹Roten Igel›»[205] läßt nichts davon erkennen, aber die fallende Melodik fast seines ganzen Werkes läßt die Trauer über die Endlichkeit dieses Lebens durchscheinen. Am 20. Mai 1896 stirbt Clara Schumann. Brahms reist zu ihrer Beerdigung, verspätet sich, begegnet aber dem Leichenzug auf dem Weg zum Grab. Als er nach Ischl zurückkam, war Brahms krank, die «kleine bürgerliche Gelbsucht»[206], von der der Arzt spricht, wird seine Todeskrankheit. Es war Leberkrebs. Brahms ging nach Karlsbad, kehrte elender nach Wien zurück, als er vorher gewesen war. Ein Testament, das er zwar aufsetzte, zusammen mit Dr. Fellinger, in dessen Haus er gern zu Gast gewesen war und dessen Frau Maria Fellinger die schönsten Brahms-Fotos gemacht hat, schrieb er aus Furcht, seine Todeskrankheit selbst anzuerkennen, nicht mehr ab. Der Jahre andauernde Prozeß um sein Testament war die Folge.

Sein Publikum ist glücklicherweise nicht nur zu Tausenden seinem Sarg gefolgt, Richard Specht beschreibt den letzten Besuch des Kranken in einem Philharmonischen Konzert. «Hans Richter führt die vierte Symphonie auf und macht in einer vollendeten monumentalen Wiedergabe die erste, lieblose und nachlässige Aufführung gut. Das Publikum tobt in Begeisterung. Aber da Richter nach der Loge zeigt, in der man jetzt erst den todblassen Brahms entdeckt, bricht ein Orkan los, der sich nach jedem Satz steigert; es ist ein betäubendes Rufen, Schreien, Klatschen, die Leute steigen auf die Sitze, um die Leidensgestalt des furchtbar verheerten Meisters besser zu sehen, man winkt ihm mit Tüchern und Hüten zu, immer wieder muß er an die Logenbrüstung treten, und am Schluß will der gewaltige Jubel überhaupt kein Ende mehr nehmen – die Menschen unten wissen, sie sehen Brahms zum letztenmal, und Brahms weiß es auch . . .»[207]

Brahms hat während dieser letzten Zeit sehr wach an allem Geschehen teilgenommen, so betreibt er noch mit Energie die Anstellung Gustav Mahlers in Wien, von dem er eine ihm unvergeßliche «Don Giovanni»-Wiedergabe gehört hatte.

Seine Freunde sind alle zur Stelle, als es mit ihm zu Ende geht. Am 3. April 1897 starb Brahms in seiner Wohnung in der Karlsgasse 4.

Um Franz Liszt hatte sich nach einem von ihm geprägten Wort von der «Musik der Zukunft» eine Gruppe, eine Schule gebildet. Weimar, Franz Liszts «Residenz» seit 1848, war ihre Hauptstadt, die von Schumann gegründete, nun von Franz Brendel redigierte «Neue Zeitschrift für Musik» wurde ihr Sprachrohr. Max Kalbeck nennt Brendel dann auch «den Generalissimus der neudeutschen Musik»[208]; denn bekannt waren die «Zukunftsmusiker» vor allem unter der Bezeichnung «die Neudeutschen». Liszt und seine Anhänger postulierten, Musik müsse ein Programm haben. Zu den Bezeichnungen für die Liszt-Schule kommt also eine dritte, die klarste hinzu: «Programmusiker». Das musikalische Vehikel für diese Vorstellung war die «Symphonische Dichtung». Liszt schrieb zwölf davon. Brahms urteilte später über ihn: *Das Wunderkind, der reisende Virtuose und der Salonmensch haben den Komponisten ruiniert, ehe er recht begonnen hatte.*[209] Daß Robert Schumann den jungen Brahms propagierte, wie er es in dem Aufsatz «Neue Bahnen» tat, mußte die Neudeutschen skeptisch stimmen, denn Schumann hatte sich deutlich von ihnen distanziert. Liszt und auch Wagner, den die neudeutsche Schule für sich in Beschlag genommen hatte, waren von Schumann gekränkt worden. An Wagner schickte Schumann die Partitur des «Fliegenden Holländer» zurück mit der Bemerkung, sie sei ihm zu «meyerbeersch». Es war wohl Brahms' Anhänglichkeit an Schumann und die Unklarheit über einen eigenen festen Standpunkt, die ihn plagten: *Mich juckt's oft in den Fingern, Streit anzufangen, Anti-Liszts zu schreiben. Aber ich! Der nicht einmal seinem liebsten Freund einen Gruß schreiben kann . . .*[210] Tatsächlich beschließen Brahms und Joseph Joachim, Julius Otto Grimm und Bernhard Scholz eine Aktion gegen die Neudeutschen. Sie fällt ungeschickt, gestelzt und unsachlich aus und wird von der anderen Seite mit Genuß zerpflückt.

In der Erklärung, die — vorzeitig veröffentlicht — nur die Namen ihrer vier Erfinder trug, wird bedauert, daß die Zeitschrift die Meinung verbreite, «es stimmten im Grunde die ernster strebenden Musiker mit der von ihr vertretenen Richtung überein», und es wird festgestellt, daß sie (die Unterzeichneten) die «Grundsätze, welche die Brendelsche Zeitschrift ausspricht, nicht anerkennen und daß sie die Produkte der Führer und Schüler der sogenannten ‹Neudeutschen Schule›, welche teils jene Grundsätze praktisch zur Anwendung bringen und teils zur Aufstellung immer neuer unerhörter Theorien zwingen, die dem innersten Wesen der Musik zuwider, nur beklagen und verdammen können»[211]. Die Antwort auf diesen exaltierten Text war eine Persiflage:

Öffentlicher Protest

Die Unterzeichneten wünschen auch einmal die erste Violine zu spielen und protestieren deshalb gegen alles, was ihrem dazu nötigen Emporkommen im Wege liegt – mithin namentlich gegen den zunehmenden Einfluß der von Dr. Brendel als neudeutsche Schule bezeichneten musikalischen Richtung, wie überhaupt gegen jeden Geist in der Musik. Nach Vernichtung dieser ihnen sehr unangenehmen Dinge, stellen sie dagegen allen gleichartigen Wohlgesinnten einen Bruderbund für «unaufregende und langweilige Kunst» in sofortige Aussicht.

«Die Redaktion der Auskunftsmusik»
(Unterzeichnet:)
J. Geiger. Hans Neubahn. Pantoffelmann. Packe. Krethi und Plethi.

Ein Körnchen Wahrheit steckt, auch was Brahms betrifft, in dieser Glosse. Denn daß seine Musik bisher nicht die Aufnahme gefunden hatte, die ihr, wie er durchaus selbst wußte, zukam, lag natürlich daran, daß die «Sinfonische Dichtung» die Programmusik en vogue war. Dennoch konnte keine Rede davon sein, daß Brahms nun eine Gegenpartei hätte

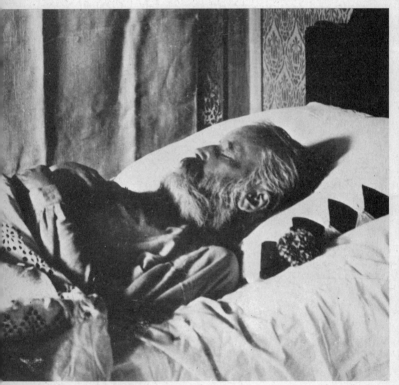

Brahms auf dem Sterbelager

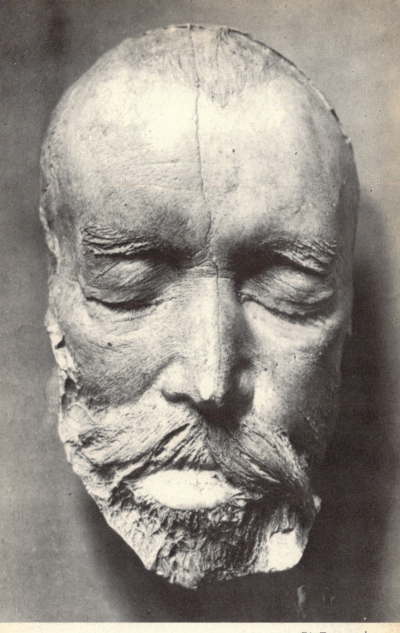

Die Totenmaske

anführen können oder wollen. Erstens gab es gar keine «Richtung», die man hätte formieren können; hätte es sie aber gegeben, wäre Brahms, der entschiedene Einzelgänger, vollkommen unbegabt dazu gewesen, sie zu formieren.

Anders als viele seiner Freunde und Anhänger behielt er die meiste Zeit seines Lebens eine nicht parteiische, und eben nicht in Gruppen, sondern in einzelnen urteilende Meinung. In Brahms' jugendlichem Engagement gegen die «Zukunftsmusik» mag allerdings auch, wie Richard Specht[213] vermutet, eine instinktive Abwehr gegen sie gesteckt haben, aus Furcht, sich in ihrer Unfertigkeit zu verlieren. Die gelegentliche Wagner-Nähe des jungen Brahms ist im H-Dur-Trio und im ersten Klavierkonzert durchaus zu hören, ganz abgesehen von der erwähnten Verwandtschaft zwischen Isolde und Magelone.

Eine persönliche Beziehung Wagner–Brahms hat es praktisch nicht gegeben. Eine Begegnung endet nichtssagend, der Nachwelt einen mäßig-freundlichen Wagner-Satz über Brahms hinterlassend: «Man sieht», sagte Wagner, nachdem Brahms ihm seine Händel-Variationen vorgespielt hat, «was sich in den alten Formen noch leisten läßt, wenn einer kommt, der versteht, sie zu behandeln.»[214]

Im übrigen nimmt Wagner kein Blatt vor den Mund. 1869 erscheint seine Abhandlung «Über das Dirigieren»[215]. Darin hält er Gericht über alle, die nicht in Liszts Lager stehen, und spricht spöttisch vom «heiligen Johannes», von «musikalischen Mäßigkeits-» und «muckerhaften Wesen», das man zuvor allerdings ihm vorgeworfen hatte.

Brahms hielt sich zurück. «Er hat sich über Wagner nie abfällig geäußert», erzählt Klaus Groth in seinem Erinnerungsbuch. «Als wir einmal eine etwas mißfällige Kritik über Wagner in einer Zeitung lasen, sagte mir Brahms: *Und für jede solche Äußerung hält man mich als den eigentlichen Urheber, und ich kenne Wagner besser als sie alle!*»[216]

Zwischen Brahms und Wagner gibt es einen Briefwechsel, der über die unterschiedlichen Temperamente der beiden Briefschreiber, aber auch über die gegenseitige Einschätzung Auskunft gibt. Sie schreiben einander gravitätisch wie zwei Souveräne, deren höfische Umgebung einen vertraulichen Austausch verbietet, obwohl Brahms gelegentlich aus der angenommenen Steifheit ausbricht. Es ging um eine Wagner-Handschrift, die Brahms von seinem Freund Tausig geschenkt bekommen hatte, während Wagner der Ansicht war, er habe Tausig dieses Manuskriptstück, eine nachkomponierte Passage zum «Tannhäuser», nur zur Aufbewahrung gegeben. «Vermutlich ist es meinerseits sehr unnötig», schrieb Wagner, «Sie an dieses Verhältnis zu erinnern, und es wird keinerlei weitere Auseinandersetzung bedürfen, Sie zu bestimmen, dieses Manuskript, welches Ihnen nur als Kuriosität von Wert sein kann, während es meinem Sohne als teures Andenken verbleiben könnte, gern und freundlich mir zurückzustellen.»[217] Brahms schickte die Handschrift. *Wenn ich gleich sage, daß ich Ihnen das fragliche Manuskript «gern und freundlich» zurückstelle, so muß ich mir doch wohl trotzdem erlauben, einige Worte beizufügen ... Ihrem Sohn kann doch — gegenüber der großen Summe Ihrer Arbeiten — der Besitz dieser Szene nicht so wertvoll sein wie mir, der ich, ohne eigentlich Sammler zu sein, doch gern Handschriften, die mir wert sind, bewahre. «Kuriositäten» sammle ich nicht ... Und nun kommt* Brahms etwas aus seiner Reserve heraus: *... Ich meine fast, mir gegenüber die Verpflichtung zu haben, eingehender Ihrem Schreiben ... zu erwidern — doch muß ich wohl fürchten, Mißdeutungen in keinem Fall entgehen zu können, denn, wenn Sie erlauben, das Sprichwort vom Kirschenessen ist wohl nicht leicht besser angewandt als bei unsereinem Ihnen gegenüber. Möglicherweise ist es Ihnen nun ganz angenehm, wenn ich nicht mehr glauben darf, Ihnen etwas geschenkt zu haben. Für diesen Fall nun sage ich, daß, wenn Sie meiner Handschriftensammlung einen Schatz rauben, es mich sehr freuen würde, wenn meine Bibliothek durch eines mehr Ihrer Werke, etwa die Meistersinger bereichert würde ...*[218]

Statt einer «Meistersinger»-Partitur, die ihm «gänzlich ausgegangen» ist, schickt Wagner eine «Rheingold»-Partitur und bemerkt dazu:

Man hat mir manchmal sagen lassen, daß meine Musiken Theaterdekorationen seien: das Rheingold wird stark unter diesem Vorwurf zu leiden haben. Indessen dürfte es vielleicht nicht uninteressant sein, im Verfolgen der weiteren Partituren des Ringes des Nibelungen wahrzunehmen, daß ich aus den hier aufgepflanzten Theaterkulissen allerhand musikalisch

Thematisches zu bilden verstand. In diesem Sinne dürfte vielleicht gerade das Rheingold eine freundliche Beachtung bei Ihnen finden.

Hochachtungsvollst grüßt Sie Ihr sehr ergebener und verpflichteter
Bayreuth, den 26. Juni 1875.   Richard Wagner.[219]

Aus der Antwort, die Brahms gab, spricht durchaus ernsthaft eingehende Beschäftigung mit dem Problem des Wagnerschen Werks, wenn nicht Bewunderung.

. . . Den besten und richtigsten Dank sage ich freilich täglich dem Werk selbst — es liegt nicht ungenützt bei mir. Vielleicht reizt dieser Teil anfangs weniger zu dem eingehenden Studium, das Ihr ganz großes Werk verlangt; dieses Rheingold aber ging noch besonders durch Ihre Hand, und da mag die Walküre ihre Schönheit hell leuchten lassen, daß sie den zufälligen Vorteil überstrahle. Doch verzeihen Sie eine solche Bemerkung! Näher liegt wohl die Ursache, daß wir schwer einem Teil gerecht werden, das uns über ihn hinaus das Ganze zu sehen verlangt. Bei diesem Werke gar bescheiden wir uns gern noch mehr und länger.

Wir haben ja den, wohl ergreifenden, doch eigentümlichen Genuß — wie etwa die Römer beim Ausgraben einer riesigen Statue — Ihr eines Werk sich teilweise erheben und ins Leben treten zu sehen. Bei Ihrem undankbaren Geschäft, unserem Erstaunen und Widerspruch zuzusehen, hilft dann freilich einzig das sichere Gefühl in der Brust und eine immer allgemeiner und größer werdende Achtung, welche Ihrem großartigen Schaffen folgt.[220]

Brahms war sogar mehrfach drauf und dran, nach Bayreuth zu fahren, fürchtete aber das Aufsehen, das eine solche Reise gemacht hätte. *Daß ich aber mit Bayreuth so gar nicht zum Entschluß kommen kann, ist doch wohl ein Zeichen, daß das «Ja» nicht heraus will. Ich brauche kaum zu sagen, daß ich die Wagnerianer fürchte, und daß diese mir die Freude am besten Wagner verderben könnten . . .*[221]

Dennoch konnte Brahms es schwer verwinden, daß ein guter Freund wie Hermann Levi, der Dirigent, sich in gleicher Weise für Wagners Werk einsetzte wie für das Werk von Brahms. Das Verhältnis Brahms' zu den Komponisten seiner Zeit ist mindestens als zwiespältig zu bezeichnen.

Grundsätzlich war Brahms ein großzügiger Mensch, der anderen etwas gönnte. Im persönlichen Umkreis legte er unzählige Zeugnisse dafür ab, etwa wie er für seine Stiefmutter sorgte; der Vater hatte nach dem Tod von Brahms' Mutter noch einmal geheiratet, und es ist rührend, nachzulesen[222], wie der Sohn sich mit ihm freut — aber auch wie er Clara Schumann und ihre Kinder beschenkte, ohne Aufhebens davon zu machen.

Sein eigenes Werk sah er gerade im Vergleich zur älteren Musik, mit einiger Bescheidenheit, selbst wenn er einmal unzufrieden mit sich war: *Ja, ich schäme mich nicht zu sagen, daß es mir selbst eine große Freude ist, wenn ein Lied, ein Andante oder sonst was mir gut gelungen scheint. Wie muß es erst den Göttern Mozart, Beethoven und denen, deren tägliches Brot das ist, zumute gewesen sein, wenn sie den Schlußstrich unter «Figaros Hochzeit» und «Fidelio» gesetzt haben, um andern Tages «Don Juan» und «Neunte Symphonie» zu beginnen! — Was ich nicht begreife, ist, wie unsereiner eitel sein kann . . .*[223]

Die Stiefmutter

Ihn ärgert selbst ein ihm übermäßig erscheinendes Lob. Clara Schumann muß sich regelrecht verteidigen: «Wie sehr, mein lieber Johannes, haben mich Deine Volkslieder erfreut – dürfte ich darüber sprechen, wie mir's um's Herz ist! doch ich fühle immer mehr, wie ich lernen muß, es in Fesseln schlagen. Daß ich es Dir gegenüber auch musikalisch soll, thut mir schrecklich weh, denn eigentlich solltest und müßtest Du wissen, daß nicht blinder Enthusiasmus für Dich aus mir spricht ... Lieber Johannes, Du siehst oder hörst es ja nicht, wenn ich mit Andern von Dir spreche, ich thue es wahrhaft nicht in Exaltation. Daß ich aber oft mächtig erfaßt werde von Deinem reichen Genius, daß Du mir immer erscheinst als Einer, auf den der Himmel seine schönsten Gaben herabgeschüttet, daß ich Dich liebe und verehre um so vieles Herrlichen willen – daß das tief Wurzel in meiner Seele gefaßt hat, das ist wahr, liebster Johannes, bemühe Dich nicht dies durch kaltes Philosophieren in mir zu ertödten ...»[224]

Zu den Kompositionen seiner Zeitgenossen stand Brahms mehr oder weniger in einer Abwehrstellung. Wie ich glaube, aus zwei Gründen. Der eine liegt darin, daß einem mehr und mehr berühmten und verehrten Meister eine Unzahl Arbeiten zweiter und dritter Begabungen zugeschickt werden, die er, gerade wenn sie von näheren Freunden kommen, nicht brüsk zurückweisen mochte noch gegen seine Überzeugung loben wollte. In diesen Fällen macht er es sich nicht leicht, gewöhnt sich aber für alle Gelegenheiten einen ihm sehr naheliegenden Stil wohlwollend unwirschen Antwortens an. Er behält ihn bei, auch wenn es sich nicht mehr

Triplex-Foto von Brasch, Berlin

um Talente zweiten Grades handelt: Sein *Ganz hübsch* [225] zu Richard Strauss, dem er jedenfalls noch einige sachliche Hinweise gibt, ist eigentlich nicht viel besser als das: *Sagen Sie: wo beziehen Sie denn dieses wunderschöne Notenpapier?* [226], das er Max Bruch zuteil werden läßt, als der ihm ein großes Oratorium vorzeigt. Der zweite Grund ist eine deutlich bemerkbare Sorge, den unter allem Einsatz erworbenen eigenen Platz in der zeitgenössischen Musik-Hierarchie bedroht zu sehen. Der Leistungswille, von dem schon die Rede war, hatte auch ein ganz äußerliches Bedürfnis nach Anerkennung, den Ehrgeiz, in seiner Zeit der erste zu sein. Mit allem, was einmal da war, konnte man sich abfinden, es ließ eine relativ unemotionelle Betrachtung zu, wie die Einstellung zu Wagner zeigt. Gegen das Neue aber, das mit ihm aufwuchs oder das hervortrat, als er selbst seine Konzeption schon verwirklicht hatte, wehrte er sich, inzwischen sicherlich in dem Bewußtsein, daß dieses neue, das in eine Auflösung der Tonalität mündete, sein Weg nicht sein konnte. Aber er wehrte sich – und jeder wird diese so menschliche Schwäche eines Großen begreifen – mit zunehmendem Alter ohne hinzusehen. Er hat zwar Gustav Mahlers «c-moll-Symphonie» oder jedenfalls das «Scherzo» daraus als ein geniales Stück bezeichnet, aber doch unüberlegt abfällig geäußert: *Bisher habe ich gedacht, daß Richard Strauss der Anführer der Revolution sei, aber jetzt sehe ich, daß Mahler der König der Umstürzler ist.* [227]

Man muß die Voraussetzungen, die bei der Kontroverse mit Liszt begannen und bis zu den Aufwiegelungen der Parteigänger reichten, mit in Betracht ziehen und würdigen, und man muß die Verständnislosigkeit, mit der Brahms und Bruckner einander gegenüberstanden, in diesem Zusammenhang sehen. So erbittert wie im Fall Bruckner hat man Brahms nie erlebt. *Bei Bruckner ist das etwas ganz anderes* (im Gegensatz zu Gustav Mahler und Hugo Wolf, die er nicht beurteilen wolle, weil ihm dazu das gehörige Gefühl oder Verständnis fehle!); *da handelt es sich, wenigstens zunächst, gar nicht um die Werke, sondern um einen Schwindel, der in ein bis zwei Jahren tot und vergessen sein wird. Fassen Sie es auf, wie Sie wollen: Bruckner verdankt seinen Ruhm ausschließlich mir, und ohne mich hätte kein Hahn nach ihm gekräht, aber dies geschah sehr gegen meinen Willen. Nietzsche hat einmal behauptet, daß ich nur durch einen Zufall berühmt geworden sei: ich sei von der Anti-Wagner-Partei als Gegenpapst nötig gebraucht worden. Das ist natürlich Unsinn; ich bin keiner, der dazu taugt, an die Spitze irgendeiner Partei gestellt zu werden, denn ich muß meinen Weg allein und in Frieden gehen und hab' ihn auch nie mit einem anderen gekreuzt. Aber mit Bruckner stimmt das. Nach Wagners Tode nämlich brauchte jetzt natürlicherweise seine Partei einen Papst, und sie hatten keinen Besseren als Bruckner. Glauben Sie denn, daß ein Mensch unter dieser unreifen Masse auch nur das Geringste von diesen symphonischen Riesenschlangen begreift, und glauben Sie nicht auch, daß ich der Musiker bin, der heute Wagners Werke am besten versteht und jedenfalls besser als irgendeiner seiner sogenannten Anhänger, die mich am liebsten vergiften möchten? Ich habe es einmal zu Wagner selbst gesagt, daß ich heute der beste Wagnerianer bin. Halten Sie mich für so beschränkt, daß ich von der Heiterkeit und Größe der «Meistersinger» nicht auch entzückt werden könnte? Oder für so unehrlich, meine Ansicht zu verschweigen, daß ich ein paar Takte dieses Werkes für wertvoller halte als alle Opern, die nachher komponiert wurden. Und ich ein Gegenpapst? Es ist ja zu dumm! Und Bruckners Werke unsterblich oder vielleicht gar Symphonien? Es ist ja zum Lachen!*[228]

Hat Brahms die Genialität Bruckners wirklich nicht gesehen? Man muß, glaube ich, konstatieren, daß er Augen und Ohren fest zugemacht hat, um nichts davon zu bemerken. Eine merkwürdig tröstliche Geschichte erzählte Bernhard Paumgartner, der als Kind Brahms noch erlebt hat. «Als Bruckner 1896 gestorben war, fand die feierliche Aussegnung in unserer Karlskirche statt. Ganz Wien drängte sich zu dieser Feier. Mit allen Schlupfwinkeln meines Reviers vertraut, war ich durch ein Seitenpförtchen über die Sakristei in die Kirche geschlüpft. Unweit von mir stand zu meinem Erstaunen, beinahe im Dunkel, von einem Pfeiler vor der allgemeinen Neugierde versteckt, Johannes Brahms. Tränen rannen ihm über die hageren, vom nahen Tod schon gezeichneten Wangen in den Bart.»[229]

War Bruckner für Brahms *jenseits der Musik,* so gab es doch zur Freude jedes Brahms-Freundes einen Komponisten, in dem Brahms die große Begabung erkannte und den er nachdrücklich gefördert hat. Freilich war dieser kein Neuerer, es gab auch sogleich eine Übereinstimmung zwischen den beiden Musikern: ihre Liebe zum Volkston. Es war Antonín Dvořák (1841–1904), dem Brahms ein Stipendium verschaffte und den er seinem Verleger dringend empfahl. Für ihn übernahm Brahms sogar das Korrek-

Gustav Mahler

turlesen. Hier kann er unvoreingenommen schreiben: *Ich möchte vor Neid aus der Haut fahren über das, was dem Menschen so ganz nebenbei einfällt . . .*[230] Hier bemerkt er: *. . . einen schöneren, erquickenderen Eindruck von wirklichem, reichem und reizenden Schaffenstalent kannst Du nicht leicht haben . . .*[231] Brahms protegiert Dvořák, wo er kann, auch im Freundeskreis. *Falls Dvořák zum morgigen Konzert kommen sollte,* schreibt er an Miller von Aichholz, in dessen Haus er eine Zeitlang jeden Sonntag zu Mittag eingeladen war, *und frei wäre, hätten Sie was dagegen, wenn ich ihm das Vergnügen machte, ihn zu Ihnen mitzubringen? Ich werde ihm von meinem Tellerchen und aus meinem Becherchen geben, und Reden hält er (soviel ich weiß) nicht!*[232] Sogar von seinem Vermögen so viel zu nehmen, wie er wolle, hat Brahms dem freilich ablehnenden Dvořák angeboten. Es ist, als sei Brahms geradezu befreit gewesen bei dem Gedanken, sich einem ebenbürtigen Kunstgenossen zuwenden zu können.

In anderen, wie etwa Hugo Wolf, fand er völlig unverschuldeterweise erbitterte Gegner. *An den Kompositionen, die er mir brachte,* erzählte Brahms von dem Besuch des jungen Hugo Wolf bei ihm, *war nicht viel. Ich ging alles genau mit ihm durch und machte ihn auf manches aufmerksam. Einiges Talent war ja vorhanden, aber er nahm die Sache zu leicht. Ich sagte ihm dann ganz ernsthaft, woran es ihm fehlte ... Da hatte er genug und kam nicht wieder. Nun speit er Gift und Galle.*[233] Tatsächlich sind Hugo Wolfs Brahms-Kritiken die späten Blüten eines längst zum Cliquenstreit degenerierten Musikstreits, wenn er allen Ernstes niederschreibt, in einem einzigen Tschinellenschlag Liszts drücke sich mehr Geist und Empfindung aus als in allen Brahmsschen Symphonien und Serenaden zusammengenommen.[234] Auf ein solches eklatantes Fehlurteil heute zu antworten, ist ganz unnötig, aber es gab durchaus zeitgenössische Urteile, viel früher als die Wolf-Kritiken, die eine Antwort vorwegnehmen: «Und das Alles hörten Sie nicht, Mann mit der fertigen Zunge und der hinkenden kritischen Feder? – Alles für Sie nur Oede und Dürre, und Infusorien und ungegohrene Masse?! – Was hülfe es, Ihnen auseinander zu setzen, in welch inniger, plastischer Ruhe das Andante einherschreitet, uns gleichsam zu versenken in's Innere des Gemüths, um Frieden zu suchen vor dem Weltgetümmel?! Mit welch sprudelnder Keckheit die Seele sich wieder losreißt im letzten Satz aus dieser Versenkung, um zur Versöhnung zu bringen Beides, die Erregtheit der Leidenschaft, und die Ergebung der Zurückgezogenheit?! Wie schön es spielt und musikalisch, das Finale-Motiv bald ganz und bald verkürzt, bald hüpfend, bald getragen, fugirend bald, und bald in freier Führung? Was hülfe es, wenn wir nachwiesen, wie die Instrumentation nicht reich allein und mannigfaltig und stets mit fester Hand entworfen, nein auch vom schönsten Wohl – oft vollsten Orgelklang?! Sie würden's nicht verstehen; – denn Sie haben Nichts davon gehört.»[235]

Eine Klassifizierung von Brahms' Werk, das heißt eine Zuordnung zu einer der großen Stilrichtungen, fällt schwer. Biographie- und Monographie-Autoren neigen dazu, den von ihnen zu betrachtenden Künstler als den «großen Letzten» oder den letzten Großen einer Epoche auszugeben. Brahms wird oft, und zwar von hervorragenden Kennern der Musikgeschichte, als «der letzte Klassiker»[236] bezeichnet. Brahms selbst hat diese Art von Schlußstein-Betrachtung früh als fragwürdig erkannt.

Das Vernagetste ist, daß der kleine Debrois durchaus die Spitze des vollendeten Musikdoms sehen will.

Wer kann jemals sagen, jetzt habe etwas sein Ende erreicht, was nie sein Ende erreicht hat. Die kleinen Leute haben ja hinter jedem Genie einen Schlußpunkt machen wollen. Hinter Mozart, wenn wir beim Vorletzten bleiben wollen . . .[237]

Das schreibt der Vierundzwanzigjährige an Clara Schumann. An der Richtigkeit dieser Bemerkung ändert sich nichts dadurch, daß Brahms selbst im Alter ganz anders urteilte, denn nun ging es um ihn selbst. Von der Entwicklung, in der die zeitgenössische Musik begriffen war, hielt er nichts, er hatte sich abgewandt. Er sprach offenbar gern davon, daß er der letzte sei, der noch ein ausgeprägtes Bewußtsein für die Integrität von Musik habe, er sagte es auf einem Spaziergang in Ischl zu dem jungen Gustav Mahler. Sie gingen an der Traun entlang. «Da faßte Mahler plötzlich seinen Arm und wies mit der anderen Hand lebhaft ins Wasser hinunter: ‹Sehen Sie doch, Herr Doktor, sehen Sie doch!– *Was denn*, fragte Brahms, ‹Sehen Sie doch – dort fließt die letzte Welle.› Worauf Brahms brummte: *Das ist ja recht schön – aber vielleicht kommt es doch auch darauf an, ob sich die Welle ins Meer ergießt oder in einen Sumpf!*»[238]

Wer Brahms nicht als den Erben Beethovens sehen mag, sein Werk aber doch in eine unmittelbare Nachfolge stellen möchte, der erkennt in Mendelssohn-Bartholdy, Robert Schumann und Brahms eine «mitteldeutsch-romantische Schule»[239]. Zweifellos sind solche Konstruktionen nicht ohne Anlaß aufgestellt worden und nicht ohne eine gewisse Berechtigung; dennoch sind es Konstruktionen, die hinter der Realität zurückbleiben.

Natürlich stand Brahms in einer Nachfolge, wie jeder Künstler. Selbst Wagner, der im 19. Jahrhundert gewiß der unabhängigste Komponist war, und dem immer von Neuem, und vielleicht nicht ganz zu Unrecht, ein genialer Dilettantismus nachgesagt wird, löst sich erst mit der Zeit von Vorbildern. Das aber zeigt, daß es Vorbilder gab. Wieviel mehr Brahms in einer Nachfolge stand, braucht kaum betont zu werden. Nur ist er weder der «Erbe Beethovens» noch ein Glied der Kette, die angeblich von Mendelssohn über Schumann zu ihm führt, sondern er steht, und dies ganz bewußt, in der Nachfolge der ganzen europäischen Musiktradition. Sein Bezugspunkt ist Bach, ist Händel, nicht nur im Einzelfall, etwa bei den großen Chorwerken, beim *Deutschen Requiem* etwa, wo es auf der Hand liegt.

Polyphonie heißt Vielstimmigkeit, Und Vielstimmigkeit muß man jetzt sehr unterscheiden von Vollgriffigkeit.

Anton Bruckner

So ein Bachsches Meer von Tönen läßt sich doch wohl nicht mit andern vergleichen?[240]

Daß er sich auch auf Beethoven bezieht, ist so offensichtlich, daß Brahms, darauf hingewiesen, nur mit Spott aufwarten kann, wie die berühmte Anekdote es nacherzählt: «Einer Exellenz, die sich viel auf ihre musikalische Bildung zugutetat und nach einer Probe der c-moll-Symphonie zu deren Schöpfer sagte: ‹Es ist merkwürdig, wie das c-Dur-Thema in Ihrem Finale dem Freudenthema der ʼNeuntenʼ ähnelt›, erwiderte er: *Jawohl, und noch merkwürdiger ist, daß das jeder Esel gleich hört.*»[241]

Dieser äußerliche, zitierende Bezug ist natürlich nicht alles. Er ist allerdings, gerade weil er sich nicht versteckt, weil er sich geradezu darbringt, das Zeichen einer Verpflichtung gegenüber dem Vergangenen, die Brahms – allen sichtbar – auf sich nimmt. Robert Schumann hat den jungen Brahms ganz praktisch auf diesen Ausgangspunkt hingewiesen. «Nun – wo ist Johannes? Ist er bei Ihnen? Dann grüßen Sie ihn», schreibt er an Joachim. «Fliegt er hoch – oder nur unter Blumen? Läßt er noch keine Pauken und Drommeten erschallen? Er soll sich immer an die Anfänge der Beethovenschen Symphonien erinnern; er soll etwas Ähnliches zu machen suchen . . .»[242]

Trotz jener musikalischen Reminiszenz war es nichts «Ähnliches», was Brahms machte. Die ganze Spannung seines Werkes liegt gerade darin, daß aus der bewußten Integration tradierter Formen durch einen Akt schöpferischer Verwandlung eine Assimilierung in ein uneingeschränkt neues unabhängiges Werk entsteht. Nicht durch Zauberei, gewiß nicht, sondern in einem Prozeß angestrengter Arbeit! Ein Brief an Hans von Bülow spricht davon: *Ich bin so sehr geneigt, meine fruchtbaren, leicht schreibenden, schnellfertigen Kollegen zu beneiden. Ich nehme gerne an, daß sie nicht des Konversationslexikons wegen schreiben, sondern aus derselben Notwendigkeit, aus denselben Gründen wie ich – also den besten. Wie oft schreibt so einer fröhlich sein «Fine», das doch sagt: ich bin fertig mit dem, was ich auf dem Herzen habe! Wie lange kann ich das Kleinste fertig mit mir herumtragen, ehe ich ungern dies «fertig» zugebe!. . .*[243] In seiner Einstellung zur eigenen Arbeit ist tatsächlich eine Übereinstimmung mit dem gegeben, was der Maler Anselm Feuerbach für sich in Anspruch nahm: «Meine anfängliche Formlosigkeit erfüllte mich mit Entsetzen; unermüdliche Mache bei strengster Beobachtung, hat es dahin gebracht, daß ich stecknadelgroße Mängel auf den ersten Blick ersehe . . .»[244] Der konstatierte Leistungswille der Jahrhunderte läßt beide Künstler tatsächlich fast Geringschätzung für den Einfall ausdrücken. *Das, was man eigentlich Erfindung nennt, also ein wirklicher Gedanke, ist sozusagen höhere Eingebung, Inspiration, d. h. dafür kann ich nichts. Von dem Moment an, kann ich dies «Geschenk» gar nicht genug verachten, ich muß es durch unaufhörliche Arbeit zu meinem rechtmäßigen, wohlerworbenen Eigentum machen. Und das braucht nicht bald zu sein . . .*[245]

Brahms hat sich zu seiner Arbeit, zu seinen Werken selten geäußert. *In meinen Tönen spreche ich*[246], schreibt er an Clara Schumann. Über e i n Arbeitsthema hat sich Brahms mit einigem Nachdruck ausgesprochen, nicht ohne Grund. Das Arbeitsthema heißt: die Variationsform. 1856 schreibt er seinen berühmten Brief an Joachim:

Ich mache manchmal Betrachtungen über die Variationsform und finde, sie müßten strenger, reiner gehalten werden.

Die Alten behielten durchweg den Baß des Themas, ihr eigentliches Thema streng bei.

Bei Beethoven ist die Melodie, Harmonie und der Rhythmus so schön variiert.

Ich muß aber manchmal finden, daß Neuere (wir beide!) mehr (ich weiß nicht rechte Ausdrücke) über das Thema wühlen. Wir behalten alle die

Antonín Dvořák. Zeitgenössische Zeichnung

Melodie ängstlich bei, aber behandeln sie nicht frei, schaffen eigentlich nichts Neues daraus, sondern beladen sie nur ...[247]

    Dreizehn Jahre später kommt Brahms in einem Brief an Adolf Schubring auf dasselbe Thema mit genau derselben Schlußfolgerung zurück, nur daß er sich nun bewußt sein kann, gewaltige Fortschritte in dieser Technik gemacht zu haben. *... bei einem Thema zu Variationen bedeutet mir eigentlich, fast, beinahe nur der Baß etwas. Aber dieser ist mir heilig, er ist der feste Grund, auf dem ich dann meine Geschichten baue ... Variiere ich die Melodie, so kann ich nicht leicht mehr als geistreich oder anmutig sein oder, zwar stimmungsvoll, einen schönen Gedanken vertiefen. Über den gegebenen Baß erfinde ich wirklich neu, ich erfinde in ihm neue Melodien, ich schaffe ...*[248]

Brahms in der Bibliothek Viktor von Millers, März 1894

Der Hinweis auf diese Überlegungen, auf Brahms' Auseinandersetzung mit der Variationsform, ist deswegen so wichtig und fällt deshalb hier so ausführlich aus, weil Brahms' Werk sich von vornherein und immer von Neuem als ein Variationswerk erweist. Nicht weil er auch deklarierte Variationswerke geschrieben hat; an ihnen prüfte Brahms seine technische und stilistische Form. Sondern weil er sowohl seiner Stellung innerhalb der Musikgeschichte wie seiner Arbeitsweise und seiner speziellen Begabung entsprach. «Das Abzweigen eines Motivs aus dem anderen», schreibt Franz Grasberger, «das Herausentwickeln der Themen mit dem

Mittel der Variation aus einem Grundmotiv sind Arbeitsgrundsätze, auf die Brahms dann sein ganzes Schaffen aufgebaut hat.»[249] Diese Grundzusage an die Variation ist allerdings nur im Zusammenhang mit der Forderung zu sehen, daß etwas Neues, im eigentlichen Sinn Eigenartiges dabei geschaffen wird. Das gilt eben auch für die musikhistorische Frage der Nachfolge. Er hat nicht das geringste von einem Epigonen; ihm gelingt wie keinem anderen die «organische Assimilierung neuen, alten und ältesten Gutes»[250]. Zur Variationsform schreibt Gustav Jenner, der 1888 bei Brahms Kompositionsunterricht erhielt, deutlich von Brahms inspiriert: «Was ist die Formenfülle der Erscheinungswelt anderes als eine Variation des einen großen geheimnisvollen Themas: Leben.»[251]

Einem Mißverständnis soll vorgebeugt werden: wenn von Neuem und Eigenartigem die Rede war, dann ist auch wirklich beides gemeint. «Neu» sollte kein Synonym für «selbständig» sein. Auch formal hat Brahms neue Möglichkeiten eröffnet. Seine eigenen pessimistischen Bemerkungen über die musikalische Entwicklung dürfen darüber nicht hinwegtäuschen. Auf den ersten Blick scheint bei Brahms das Beharren in der überlieferten Form der bestimmende Faktor zu sein. Gerade seine Zeitgenossen mußten es so sehen, denn zu offenbar war der Unterschied zwischen Brahms' Werk und dem Werk derer, die Neuerung, Auflösung der Form zur Parole machten. Daß Brahms tatsächlich an klassischen Formen, im Grunde also am Sonatensatz festhielt, kann auch gar nicht bestritten werden; es entsprach zudem seiner bürgerlich-künstlerischen Suche nach Festigkeit, er hatte gewiß Angst, sich zu verlieren. Aber wenn man weiß, wie sein Auftreten, sein oft rauhbeiniges Verhalten einen höchst empfindlichen Menschen verbergen mußte, sollte man dann nicht auf den Gedanken kommen, daß unter der strengen Formbewahrung auch eine Unruhe zu suchen ist, die auf Neuerung, auf Veränderung aus war? In der Durchdringung der Form hat Brahms sie erneuert. «Als das Ergebnis der Formversuche dürfte jedoch ein neuer Typus entstanden sein, der als Einheit verschiedener Prinzipe auf höherer Ebene das Wesen der Form neu bestimmt.»[252]

Die Musikwissenschaft hat sich dieser Frage angenommen. Viktor Urbantschitsch schrieb 1927 von der «idealen Synthese der Variationsform und des Sonatensatzes»[253], und Christian Martin Schmidt faßt in seinem 1971 erschienenen Buch[254] diese Überlegungen zusammen, in dem er zunächst auf die historische Situation eingeht. «Die Strenge, mit der er [Brahms] die musikalischen Einzelheiten architektonischen Anordnungsprinzipien unterwarf, ist die Reaktion auf den Verfall der Dispositionsformen, der im Laufe des 19. Jahrhunderts sich abzeichnet.» Christian Martin Schmidt kommt dann zu dem Ergebnis, daß sich ähnlich schon aus dem Vergleich zum Verhalten des Menschen Brahms ergab, nämlich, daß «gerade dadurch, daß sich die Gesamtdisposition als Problem nicht stellte, die Möglichkeit für Brahms gegeben [war], seine ganze Aufmerksamkeit einem neuen Problem zuzuwenden, das sich Komponisten mit Sicherheit seit Bach stellte, nämlich dem Problem, wie bei durchgehend gleichbleibender Substanz so viele und so verschiedene musikalische Gestalten zu schaffen wären, daß durch sie ein größerer Zeitraum sinnvoll gefüllt werden kann.»[255]

Kronzeuge für die weiterführende Kraft dieser Bemühung um eine Ausdehnung und damit Veränderung des Formgedankens bei Brahms ist Arnold Schönberg. Er war noch 1895, also in Brahms' letztem Lebensjahr Mitglied des Wiener Tonkünstlervereins, dessen Mittelpunkt Brahms war; auf diesen bezieht er sich unter anderem in einem Aufsatz mit dem leicht herausfordernden Titel «Brahms the Progressive»[256]. Damit soll Brahms nicht zum Erneuerer der Musik und sein Werk nicht zum Ausdruck revolutionären Umschwungs stilisiert werden. Gesagt werden soll hingegen, daß die Durchdringung der Form durch Brahms die Ablösung des dualistischen Prinzips des klassischen Sonatensatzes einleitete und daß Brahms Freiheiten in der Komposition eingeführt hat, die Wagners Neuerungen nicht nachstehen. Der «Erbe» Brahms' hat, ohne je das Haupt einer Schule zu sein — was ihm, dem Einzelgänger, unmöglich und zuwider gewesen wäre —, Erben in der Weiterführung, der Verabsolutierung Brahmsscher Durchdringung der Form; denn bei allem Festhalten am Formprinzip selbst heißt — zugegeben oder nicht — durchdringen immer befragen und in Frage stellen. Die «Brückenposition»[257] des Brahmsschen Werkes wird erst bei einer Beschäftigung mit Gestaltungsformen deutlich, sie war kein Programm, sie tönt nicht motivisch aus seinen Werken oder aus denen der Komponisten, die nach ihm kamen. Brahms' Musik erschließt sich dem Zuhörer auch nicht auf Anhieb, ihr Aufbau ist dafür zu kompliziert. Hier sei sozusagen im Vorübergehen auf die Kongruenz zu Brahms' Charakter hingewiesen. Es lag ihm nicht, sich schnell anzuvertrauen. Es gibt keine Konzession an die Eingängigkeit der Komposition. Ein zu schnelles Verstehen, ohnehin meistens gefährlich, ist Brahms immer suspekt. Dennoch: auch wenn er voraussetzt, daß der Freund seiner Musik sich bemüht, in die Werke einzudringen, und auch wenn er es darauf angelegt hat, daß dieses Eindringen, und sei es durch mehrmaliges Anhören, notwendig ist, bleibt die Erkenntnis, häufig unverstanden zu bleiben, ein zwiespältiges Gefühl. *Wenn ich von der Höflichkeit absehe, die sich mit den Jahren einstellt, geht es mir doch immer und allerwärts so. Quartett und Symphonie op 60 und op 68 sind hier gerade so unverstanden geblieben. Ich könnte ja eitel darauf sein, denn den Sachen, die man heute lobt, ist es ja seinerzeit ebenso gegangen.*[258] Es ist uns Heutigen viel leichter gemacht als seinen Zeitgenossen, Brahms' Musik aufzunehmen. Bewußt oder unbewußt haben wir so viel musikalische Formveränderungen rezipiert, daß für uns ungewöhnliche Periodisierungen, das Sich-Überschneiden gegensätzlicher Rhythmen oder der harte Zusammenprall von Dur und Moll kein Anstoß mehr sind. Daß Brahms zu seiner eigenen Zeit relativ viel Bewunderer fand, ist vor allem aus der eingangs erwähnten Neigung des gebildeten Bürgers zur musikalischen Bildung zu verstehen. Es lag ein Prestige darin, «eingeweiht» zu sein. Daß der Zugang zu Brahms' Werk auch heute nicht gerade leicht ist, sollte doch hinzugesetzt werden. Bemühung, eindringen zu wollen in die Vielfalt der Form, in die Tiefe des Gefühls, in die Stärke und Schönheit des Ausdrucks wird immer noch vorausgesetzt. Muß man hinzufügen, daß sie sich lohnt?

Wie über die Stellung Brahms' in oder außerhalb einer Schule oder Reihe musikgeschichtlicher Entwicklung gibt es unterschiedliche Überlegungen darüber, wie sein eigenes Werk in bezeichnende Abschnitte, in sogenannte Schaffensperioden, einzuteilen sei. Gemeinsam ist wohl allen Darstellungen die Feststellung, daß man es bei Brahms mit einer «außerordentlichen Frühreife seines Talents» zu tun hat. Natürlich hat es in Brahms' langem Leben eine Entwicklung gegeben; worauf es aber bei einer solchen Gliederung ankommt, die ja dazu da ist, das künstlerische, also kompositorische Geschehen in den Griff zu bekommen, sind akzentsetzende Abschnitte.

August Sturke[259] nennt drei Schaffensperioden: die erste reicht bis zum *Deutschen Requiem*, die zweite bis zum *B-Dur-Klavierkonzert*, die dritte beginnt mit der *Dritten Symphonie*. Das heißt, daß hier der Artikel Robert Schumanns aus dem Jahr 1853 den Anfang der ersten Periode bezeichnet, die bis 1867 reicht, die zweite über fünfzehn Jahre geht und 1882 von der dritten abgelöst wird. Als Merkmal ist die romantische Grundeinstellung für die erste Periode sicher signifikant; die Unterscheidung aber zwischen zweiter und dritter, die mit dem klassischen Einschlag und dem Hervortreten des Persönlichen (1) und dann mit der Verschmelzung von Klassischem und Romantischem sowie der Hinneigung zum Einfachen und Naturhaften (2) markiert wird, ist sicher nicht falsch, aber doch ein wenig gesucht. Hans Gal versucht es mit dem «Jahreslauf der Natur». Er sagt dazu: «Der Frühling des jugendlichen Sprossens und Werdens, der Sommer mächtig fortschreitenden Reifens, der Herbst einer vollen Ernte, der Winter der allmählich absinkenden, verebbenden Lebenskraft: das sind Perioden, nach denen sich das Werk von Brahms parallel zu seiner Lebensgeschichte am ungezwungensten ordnen läßt.»[260]

Man entfernt sich nicht gar zu weit vom Lebenslauf des Komponisten, wenn man die Entwicklung seines Werks wie in zwei Kurven gezeichnet sieht. Die erste Kurve ist durch starke Bewegung, durch ein Auf und Ab bestimmt, ihr unruhiger Verlauf bezeichnet die Unsicherheit, die stark wechselnde Empfindung des jungen Brahms. Sie entspricht ungefähr der angeführten ersten Schaffensperiode bzw. dem «Frühling». In Jahren gemessen könnte diese Kurve von 1853, also dem Jahr, in dem Brahms Schumann begegnete, bis zum Jahr 1867 reichen, dem des *Deutschen Requiem*, oder bis zu den Jahren 1872/73, in denen er seine endgültige Wohnung in Wien fand und die *Haydn-Variationen* op. 56 als neuen Prüfstein seiner Formsicherheit vollendete. Die zweite Kurve zeigt keine tiefen Einbrüche mehr, sie reicht vom berühmten *Klavierquartett* op. 60 mit seiner bewußten Rückbeziehung auf die «Wertherzeit» in Düsseldorf in stetig ruhiger Aufwärtsbewegung bis hin zu den *Vier ernsten Gesängen* des Jahres 1896, nachdem sie zuvor leicht abgeflacht weiterführte.

Für eine solch weiträumige Sicht auf das Werk von Brahms spricht auch eine seiner typischen Arbeitseigenschaften: sich – oder besser gesagt, dem Werk – Zeit zu lassen. Es geht nicht immer so langfristig zu wie bei der *Ersten Symphonie*, die er wegen des *Riesen Beethoven*[261], den er hinter sich fühlte, erst nach jahrelangem Zögern vollendete, aber auch dies ist eher typisch als ausnahmehaft. 1862 gibt es schon den ersten Satz. «Johannes schickte mir neulich», schrieb Clara Schumann an Joachim, «– denken Sie, welche Überraschung – einen ersten Symphoniesatz mit dem folgenden kühnen Anfang...»[262] Als Joachim sich bei Brahms danach erkundigt, winkt er schon wieder ab: ... *hinter «Sinfonie von J. B.» magst Du noch einstweilen ein? setzen.*[263] 1868 schickt Brahms das Hornthema des Finale als Gruß an Clara Schumann, nur dies, und erst 1876 ist die Partitur fertig.

Es kommt einem wirklich so vor, als habe Brahms, der so brennend wünschte, sich durchzusetzen, bei allem zitierten Leistungswillen gewußt, daß er Zeit haben würde. Alles ist auf Langfristigkeit angelegt, von vornherein zeigt sich auch eine Vorliebe für melodische Dehnungen und die Neigung zur Wiederholung. Bereits in op. 1 benutzt Brahms die Sequenz, das heißt die Versetzung einer Melodienphrase in ein höheres oder tieferes Intervall, und die Sequenz ist ja eigentlich nichts anderes als eine gesteigerte Wiederholung. Das Variationswerk schließlich (seine zentrale Bedeutung ist schon angedeutet worden) beweist ein ausgeprägtes Bewußtsein für Kontinuität – Kontinuität des Überkommenen und Kontinuität des eigenen Werkes.

Den Einflüssen des äußeren Erlebens wird man auch im Werk Brahms' auf Schritt und Tritt begegnen. Der Zusammenhang mit der durch Herkunft und soziale Umwelt geprägten «Verfassung» ist im Vorhergehenden dargelegt. Auch in der Betrachtung von Werkgruppen oder Werkgattungen taucht diese Verknüpfung wieder auf.

Gmunden, 1894. Aufnahme: E. v. Miller-Aichholz

Gemälde von Ludwig Neichalek nach einer Fotografie von Maria Fellinger, 1898

Seine *großen Lieblinge*[264] nannte Brahms die *49 deutschen Volkslieder für Singstimme und Klavier*. Die Anziehungskraft, die das Volkslied für ihn hatte, unterstreicht er mit seinem Brief an Clara Schumann, in dem er ihr vom Hamburger Frauenchor erzählt:

Sie sangen mir meine neuen deutschen Volkslieder vor, die sie mit großer Mühe geübt hatten. Nun kommen wir einen Abend in der Woche ganz freundschaftlich zusammen, und ich denke, die schönen Volkslieder werden mich ganz angenehm unterhalten. Ich denke sogar recht zu lernen, indem ich die Lieder doch da ernsthaft ansehen und hören muß. Ich will sie ordentlich einsaugen . . .

Das Lied segelt so falschen Kurs, daß man sich ein Ideal nicht fest genug einprägen kann. Und das ist mir das Volkslied . . .[265]

Brahms hat sein Leben lang Lieder komponiert. Nach einer Zusammenstellung von Siegmund Helms[266] sind es 330 Lied-Kompositionen (darunter 194 Klavierlieder, 45 Chorkompositionen, 33 Liebeslieder und Neue Liebeslieder). Die reiche Produktion von Vokalmusik ist zum Teil darin begründet, daß Brahms diese Art des musikalischen Ausdrucks liegt, denn offenbar steigerte die poetische Vorlage die melodische Erfindung. Dabei hat dann die Musik stets Vorrang vor den Texten. Selbst in seinen Liedern ist Brahms also kein Programmusiker. Den Unterschied zwischen «Lied» und «Gesang» machte Brahms, indem er den ersten Begriff für Strophenkompositionen benutzte, den zweiten für durchkomponierte Stücke. Dabei ist es stilistisch nicht nur der von ihm mit absoluter Sicherheit getroffene Volkston, der ihn in seinen Liedkompositionen anzog. Es gibt Lieder, gerade Chorlieder, die an romantischer a-capella-Musik orientiert sind, und es besteht kein Zweifel daran, daß Brahms' Kenntnis der barocken Vokalmusik in seiner eigenen Produktion genützt wurde: durch Assimilierung.

Gerade Liedkompositionen gehen auf Anlässe zurück, sind Gelegenheitskompositionen. Er kann sie verschenken, in frühen Jahren etwa an Agathe von Siebold in Göttingen, er braucht Liedkompositionen für seinen Hamburger Damenchor, und er ist dieser Werkgattung treu geblieben – aus Vorliebe und aus einem zweiten Grund: die relativ breite Schicht der musikalisch Gebildeten brauchte Stoff für den musikalischen Hausgebrauch. Die Laienchöre und das musikausübende Bürgerhaus erwiesen sich gerade hier als Träger der Musikkultur des 19. Jahrhunderts.

Brahms, dessen Liedkompositionen mit seinem op. 3 beginnen, mit *Liebe und Frühling* und in der Spätzeit mit Liedern wie *Feldeinsamkeit* oder *Immer leiser wird mein Schlummer*, die neue Höhepunkte seines Werkes bilden, wie zu ihrer Zeit die *Magelonen-Romanzen*, kehrt im Alter wieder zum Volkslied zurück. *Mit soviel Liebe, ja Verliebtheit*, schreibt er an Joachim, *habe ich noch nie etwas zusammengeschrieben, und ich konnte ja ungeniert verliebt sein – in etwas Fremdes.*[267] Er hat das Gefühl, daß ein Ring sich schließt: *Ist Dir wohl aufgefallen*, fragt er Clara Schumann, nachdem seine *49 Volkslieder*, die *Sieben Hefte Deutsche Volkslie-*

der mit Klavierbegleitung 1894 erschienen sind, *daß das letzte der Lieder in meinem Opus 1 vorkommt? Ist Dir auch etwas eingefallen dabei? Es sollte eigentlich was sagen, es sollte die Schlange vorstellen, die sich in den Schwanz beißt, also symbolisch sagen: die Geschichte sei nun aus, der Kreis geschlossen.*[268]

Ein einziges großes Werk folgt noch, noch einmal ein Vokalwerk: *Vier ernste Gesänge* op. 121.

GROSSE CHORWERKE

Ein deutsches Requiem op. 45 stellt einen ersten Sammlungspunkt und Beweis des gesicherten Könnens dar. Im Grunde kommt dieses Werk in seiner unerhörten Geschlossenheit der Komposition und auch der Übereinstimmung von Wort und Musik überraschend. Brahms hat bisher nur kleinere Chorwerke geschrieben, aber die Praxis in Detmold und mit dem Hamburger Frauenchor hat ihn ein gutes Stück vorangebracht. Man kann dieses Werk, in dem der Fünfunddreißigjährige, gewiß beeinflußt von den Vorbildern Bach und Händel, ein großes Requiem, «dessen Inhalt Trauer und Trost ist»[269], mit soviel Konsequenz allen geläufigen Formen dieser Gattung entgegensetzte, nicht anders als auch unter dem Gesichtspunkt eines nun abgeschlossenen persönlichen Reifeprozesses sehen. Mehr noch: auch die Entsagung ist ein bestimmendes Motiv. Dieses *Requiem* kennt den Hinweis auf die Erlösung nicht, auch nicht den Tag des Gerichts. Das *Requiem* ist bestimmt vom Aufsichnehmen des Leidens ohne Selbstmitleid. Die Seligpreisungen der beiden Ecksätze: «Selig sind die da Leid tragen» und «Selig sind die Toten» sprechen diese Sprache, die in den *Vier ernsten Gesängen* nur noch konzentrierter zu vernehmen ist: «Da lobte ich die Toten, die schon gestorben waren, mehr als die Lebendigen, die noch das Leben hatten.»[270] Brahms hat mehrfach Bibelworte zur Textgrundlage seiner Kompositionen gemacht. Im *Triumphlied* ist die «Offenbarung des Johannes» eine hochgegriffene Vorlage für dieses vom deutschen Sieg von 1870 inspirierte Werk. Richard Wagner spottete über die «Konzert-Maskerade ... mit der Halleluja-Perücke Händels»[271], aber das besagt nicht viel, es ist zutreffend-nichtzutreffend wie die meisten Wortwitze. Schöner, größer klingen uns die doppelchörigen *Fest- und Gedenksprüche*. Auch sie sind von einem patriotischen Pathos getragen, das aber hinter der großartigen Formkonzeption verschwindet. Allerdings muß man dazu wissen, daß sie achtzehn Jahre nach dem *Triumphlied* entstanden sind. Brahms war ungemein wählerisch in der Auswahl seiner Stoffe, er war es schon bei den Liedern und ist es noch mehr bei den Chorwerken. Eine der eindrucksvollsten Kompositionen von Brahms ist das 1870 beendete *Schicksalslied* nach Hölderlin. Es stellt außerdem ein besonders signifikantes Beispiel für Brahms' Textbehandlung dar. Es ist ganz deutlich, wie das Wort ganz wesentlicher Ausgangspunkt für die Komposition ist, aber nichts darüber hinaus. Brahms setzt das Gedicht sogar musikalisch fort, indem er das Vorspiel zur «Götterwelt» nach dem «Kampf der Irdischen» transponiert wiederkehren läßt. *Ich sage ja eben etwas, was der Dichter nicht sagt . . .*[272]

Arnold Schönberg

Die Chorwerke, und gerade das *Deutsche Requiem*, sind immer erneu-erte Versuche mit der «großen Besetzung». Das schmälert ihren Eigenwert nicht, es stellt sie lediglich in den Zusammenhang der Werk-Entwicklung, wobei das *Deutsche Requiem*, also der erste Wurf (wenn man diesen Begriff doch einmal zuläßt bei einem Komponisten, dessen minuziöses Erarbeiten die nach Genialischem klingende Vokabel fast verbietet), auch für spätere Generationen, auch für uns heute das wichtigste Werk geblie-ben ist. Neben diesem säkularisierten *Requiem*, das ja neben der Trauer um die Toten auch die Trauer um den Verlust des Erlösungsglaubens deutlich enthält, ist nur das *Schicksalslied* noch in der Aufführungspraxis lebendig. Der Vorsatz, mit großer Besetzung zu arbeiten, ist bei Brahms früh begründet worden. Wenn Robert Schumann schrieb, daß er die Anfänge der Beethovenschen Symphonien anhören und etwas Ähnliches machen solle, spricht aus ihm der Geist des Jahrhunderts, von dessen Sinn fürs Monumentale schon hinreichend berichtet worden ist. Wäre nicht diese Forderung der Mitwelt gewesen, die sich natürlich dem einzelnen nicht so klar als Forderung von außen, sondern durchaus als eigener Wille präsen-tiert, so hätten wir wahrscheinlich von Brahms nie ein großes Orchester-werk oder gar eine Symphonie erhalten.

Brahms im «Roten Igel». Zeichnung, 1889

ORCHESTERWERKE

Er hat sich schwer getan mit der Orchestertechnik, mit der großen Besetzung. Brahms war vor allem und zunächst einmal Klavierspieler. Noch beim *Doppelkonzert*, also 1888, schreibt er an Clara Schumann: *Es ist doch was anderes, für Instrumente zu schreiben, deren Art man nur so beiläufig im Kopf hat, die man nur im Geist hört — oder für ein Instrument zu schreiben, das man durch und durch kennt, wie ich das Klavier, wo ich durchaus weiß, was ich schreibe und warum ich so und so schreibe.*[273]

In dieser Zeit ist er sich des Orchestersatzes freilich schon sicher. Das war anfangs ganz anders. Wenn man die beiden Orchesterserenaden, bei allem unverkennbaren «Brahms-Klang», den sie haben, wirklich in ihrem

Übungscharakter, den sie auch haben, sieht und nach dem eigentlich bestimmenden Einstieg des Komponisten in Orchestermusik fragt, dann begegnet man wieder jenem Schlüsselstück der frühen Produktion, dem *Ersten Klavierkonzert.* Um die neben allem Technischen, das erlernbar ist, bestehende Schwierigkeit zu begreifen, die ein Vorhaben wie das Klavierkonzert für den jungen Brahms darstellte, kann man sich mit einem Vergleich helfen, dem von Graphik und Ölbild; auch hier ist der Unterschied ja nicht nur technischer Natur. Brahms hat an seinem *Ersten Klavierkonzert* vier Jahre lang gearbeitet. Das als Sonate für zwei Klaviere konzipierte Stück wurde das erste bedeutende Orchesterwerk des Komponisten; vergleicht man es mit dem 22 Jahre später veröffentlichten zweiten, wird die Unausgeglichenheit des ersten besonders deutlich – eine Unausgeglichenheit, die niemand missen möchte. Der erste Satz, der mit dem monumentalen Einfall, der ihn trägt, nicht fertig wird, ist der bewegende Ausdruck auch des Menschen, der noch nicht fertig wird mit seinem Leben. Über die hier unmittelbar eingreifende Phase der Verbindung zwischen Clara Schumann und Brahms ist genug bekannt. Es ist wohl nicht zu viel an Interpretation, wenn man in diesem Konzert und gerade in seinem ersten Satz den Widerschein der Leidenschaft erblickt, ein Widerschein, der noch in der 1877 erschienenen *Ersten Symphonie* wiederzuerkennen ist. Das liegt natürlich daran, daß die Initialgedanken für dieses Werk so weit zurückreichen. Brahms hat sich Zeit gelassen für seine *Erste Symphonie.* Er stellt sein Publikum, und das sind wie immer zunächst die Freunde, auf eine harte Probe, denn diese *Erste Symphonie* ist von einer Herbheit, die den Zugang nicht leicht macht. Brahms wußte es: *Nun möchte ich noch die vermutlich sehr überraschende Mitteilung machen, daß meine Sinfonie lang und nicht gerade liebenswert ist.*[274] Es ist schwierig, sich in die Situation der ersten Hörer hineinzuversetzen bei einem Werk, das uns inzwischen so erfreulich und gefährlich vertraut klingt. Aber es gehört zu ihrer Größe und zu ihrer Popularität, daß sie trotz ihrer Kompliziertheit, trotz ihrer Gebrochenheit eine durchgehende Melodik hat. Zeitgenossen von Brahms hatten es schwerer: «Mir sind die Motive des ersten Satzes trotz aller Energie und Leidenschaft nicht sympathisch, sie sind rhythmisch sehr langatmig und harmonisch von allzu herbem Trotz, wenn auch wieder von aufregender Sehnsucht ...»[275] Der Arzt und Brahms-Freund Theodor Billroth, der dies schrieb, hat auf Anhieb etwas gesagt, was ja nicht nur auf die *Erste Symphonie* zutrifft. Die Bemerkung, daß ihm die Motive des ersten Satzes nicht sympathisch seien, ist nur interessant wegen der Unbefangenheit, mit der er urteilt und die heute nicht mehr möglich ist; mit «Trotz und Sehnsucht» aber hat er Grundbestimmungen Brahmsscher Musik ausgesprochen. Selbst die *Zweite Symphonie*, die als Brahms' «Pastorale» bezeichnet wird und die nun sehr schnell auf die erste folgt (sie gehört in die Werkgruppe der drei Pörtschacher Sommer 1877, 1878, 1879), kann ja nur auf den ersten Blick als eine unbeschwerte, eine von Trotz und Sehnsucht unberührte Schönheit gelten. Sie ist die poetischste der vier. Dennoch gibt es einen gewaltigen Unterschied zwischen der ersten und der zweiten Symphonie, besser gesagt, zwischen der ersten und den drei anderen. Die *Erste Symphonie* enthält die persönlichen und musikalischen Formungskämpfe noch sichtbar; die übrigen sind Zeugnisse eines abgeschlossenen Entwicklungsprozesses, wobei sich der Trotz in Festigkeit, die Sehnsucht allerdings mehr und mehr in eine Sehnsucht nach der verlorenen Hoffnung, in Resignation verwandelt.

In der Zeit der *Zweiten Symphonie* ist noch wenig von solchem Abschwung zu spüren; mit den beiden großen D-Dur-Werken erscheint ein für Brahms außergewöhnlicher Klang eines frohen Aufschwungs. Nach der *Zweiten Symphonie* erscheint in derselben Tonart, aus demselben Lebensgefühl das *Violinkonzert*. Niemand wird daran zweifeln, daß dieses Konzert ebenso wie alle anderen Werke durch Brahms' Ungenügsamkeit wieder und wieder verändert worden ist — vor allem in der Diskussion mit Joachim, dem das Konzert selbstverständlich zugeeignet ist. Noch nach den ersten Aufführungen arbeitet Brahms daran. *Ich wünsche es mit einem weniger guten Geiger als Du es bist, durchzugehen, da ich fürchte, Du bist nicht dreist und streng genug. Nur durch viel Vorschläge und Änderungen könntest Du imponieren.*[276] Die Solo-Kadenz, für die am Ende des ersten Satzes herkömmlicherweise der Platz ist, hat Brahms nicht geschrieben; hier, wo es um höchste Technik des Geigens geht, sah Brahms seine Grenze in der Komposition für ein solches Stück. *Auch spielt Joachim mein Stück in jeder Probe schöner, und die Kadenz ist bis zum hiesigen Konzert so schön geworden, daß das Publikum in meine Kadenz hineinklatschte.*[277]

Als Brahms sich nun mit einem zweiten Klavierkonzert beschäftigt, sieht das wie die Einlösung eines Versprechens aus, das er sich selbst gegeben hatte. *Ein zweites soll schon anders lauten*[278], hatte er nach dem Leipziger Mißerfolg des ersten geschrieben. Es lautete anders; gegenüber der Unruhe des ersten, aus einer Krisenzeit geborenen tritt im zweiten Klavierkonzert der ruhige Duktus der Beherrschung deutlich zutage. Zwei Symphonien und das Violinkonzert waren vorausgegangen; der sichere Umgang mit Orchesterklang und Soloinstrument ist überhaupt nicht mehr fraglich; das Soloinstrument ist zudem dasjenige, *das man durch und durch kennt*[279]. Das seit Mozart und Beethoven immer wieder neu «erfundene», bald positiv, bald negativ ausgemünzte Wort von der «Symphonie mit obligatem Klavier» trifft auf dieses Werk wie auf kein anderes zu; im Unterschied zum *Ersten Klavierkonzert* ist das Klavier hier wirklich integriert und erhält dennoch die Führungsrolle. Brahms muß in dieser Zeit die eigene Produktivität sehr genossen haben, er schreibt ausnahmsweise mit Genugtuung, wenn er sie auch mit heiterem Ton verkleinern möchte, über sein Werk: *Ich habe in der Übereilung ein schönes großes Klavierkonzert geschrieben und nicht vorher bedacht, ob sich denn eine Frau findet, die deshalb ihrem Mann davonläuft! Nun sitze ich da — das Kind im Schoß und niemand ist, der es säugt oder spielt. Auch ein Scherzo ist zum Überfluß darin, von einer Zartheit, von einem Duft . . . Ich habe auch mit dem Stück beabsichtigt, zu zeigen, wie der Künstler alle Leidenschaft abstreifen muß, um in reinstem Äther mit vorbedachten Bakterien schwärmen zu können . . .*[280]

Das *B-Dur-Klavierkonzert* und die zwei Jahre später erscheinende *Dritte Symphonie* sind die Höhepunkte der Formausgeglichenheit in

Brahms' Werk. Es sind, wenn man so will, seine «klassischen» Werke. Sie sind von einer Geschlossenheit, die wahrscheinlich nur zu erreichen ist, wenn «der Künstler alle Leidenschaft abstreift». Es sind, so sehr dramatische Steigerungen kunstvoll erzeugt werden, im Grunde epische Kunstwerke, von denen ein Gefühl der Kontinuität ausgeht, in denen Platz ist für Reflexion und Betrachtung. Die *Dritte Symphonie* fordert zu Vergleichen aus der Architektur heraus; denn hier sind in wahrhaft klassischer Weise die Bauteile eines tragenden und abgeschlossenen Gebäudes sichtbar.

Die vierte Symphonie steht in engem Zusammenhang mit der dritten. Sie ist zwei Jahre nach der dritten erschienen. Die dramatisch-düsteren Momente bekommen einen stärkeren Anteil, die Tendenz von frohem Aufschwung ist für immer verbannt. Es führt kein Weg mehr weiter. Und es ist von einer sich aufdrängenden Folgerichtigkeit, daß keine weiteren Symphonien mehr entstehen. Zwei Jahre nach der *Vierten Symphonie* erscheint noch das *Doppelkonzert für Violine und Violoncello*. Brahms hat

Im Bibliothekszimmer

Momentaufnahme von Leone Sinigaglia

Doppelkonzert für Violine und Violoncello a-moll (op. 102): die erste Seite des Andante

Am Flügel. Zeichnung von Willy von Beckerath

über dieses Konzert wieder mit Joachim korrespondiert. Die Freundschaft, die sozusagen ausgesetzt war, sollte neue Impulse bekommen; sie wurde wiederhergestellt, aber die gegenseitige Begeisterung von einst stellte sich nicht wieder ein, und im Werk macht sich das ebenfalls bemerkbar. Das *Doppelkonzert* ist passagenweise von großer Schönheit; die Geschlossenheit der Orchesterwerke aus den Jahren 1878 bis 1884 und 1886 hat es nicht mehr. Gelegentlich schien es Brahms selbst matt zu sein; jedenfalls enttäuschte ihn die Wiedergabe. Der Kampf um Anerkennung, die Auseinandersetzung mit der Form waren zu Ende. Die Kurve des Schaffens flachte ab. Einmal noch raffte sich der Komponist zu einer großen Geste auf, mit den *Vier ernsten Gesängen*.

KLAVIER- UND KAMMERMUSIK

Mit Klaviermusik begann Brahms, und Klavierstücke sind die kompositorische Tätigkeit seiner letzten Jahre. Auch das ist kein Zufall; Brahms liebt

118

diese Rückschau, wie er die Reminiszenz liebt. Er geht auch noch einmal, wie schon berichtet, auf das Volkslied zurück: die *49 deutschen Volkslieder* erscheinen 1894.

In der Kammermusik, vom ersten *Sextett* op. 18 bis hin zum *Klarinettenquintett* op. 111 ist das, was über Brahms als Neuerer und Erweiterer der musikalischen Formen und Ausdrucksmöglichkeiten gesagt wurde, besonders deutlich abzulesen. Kammermusik war für Brahms, der die Durchsichtigkeit der Form liebte, der dem großen Publikum gegenüber eine nie verwundene Scheu hatte und der den Effekt großer Besetzungen für nicht mehr als ein notwendiges Übel hielt, die ihm «natürliche», angemessene Musikart. Sein musikalischer und persönlicher Entwicklungsweg ließe sich genauso, sogar noch minuziöser an seiner Kammermusik nachzeichnen, wie es skizzenhaft bei der Orchestermusik geschehen ist. Das *H-Dur-Trio* etwa ist wie kein anderes Werk geeignet, Brahms' Leben und Arbeit zu charakterisieren: es entstand in der verwirrenden, begeisternden Verbindung zu den Schumanns, es enthält schon «den ganzen Brahms», und er, der immer in Rückschau Begriffene, nimmt dieses Jugendwerk

Streichquartett in G-Dur (op. 111): 1. Satz, 1. Seite

1891 wieder auf und gibt ihm eine endgültige Fassung. Es ist eine völlige Neubearbeitung, die doch die wesentlichen Elemente erhält; da gibt es keinen Stilbruch. Brahms hat nach 36 Jahren mit der Sicherheit einer inzwischen erworbenen Meisterschaft den Ausdruck dieses Werkes wieder getroffen. Das *Trio* hat eine weitere Bedeutung: es ist in der frühen Fassung das erste mehrsätzige Werk, in dem Brahms sich mit der Sonatenform auseinandersetzt. Wie stark Arnold Schönbergs Interesse an Brahms' Kammermusik war, zeigt eine bemerkenswerte Tatsache: Schönberg hat das *Klavierquintett g-Moll* op. 25 für Orchester instrumentiert. Er schreibt dazu:

«Meine Gründe:

1. Ich liebe das Stück

2. Es wird selten gespielt

3. Es wird immer sehr schlecht gespielt, weil der Pianist desto lauter spielt, je besser er ist, und man nichts von den Streichern hört. Ich wollte einmal alles hören, und das habe ich erreicht.

Meine Absichten:

1. Streng im Stil von Brahms zu bleiben und nicht weiter zu gehen, als er selbst gegangen wäre, wenn er heute noch lebte.

2. Alle die Gesetze sorgfältig zu beachten, die Brahms befolgte, und keine von denen zu verletzen, die nur Musiker kennen, welche in seiner Umgebung aufgewachsen sind.»[281]

Mit op. 67, dem 1876 erschienenen *Streichquartett*, scheint der entscheidende Schritt in die Formerweiterung getan zu sein. «Im 1. Satz stehen sich zwar zwei gegensätzliche Themen gegenüber, ihre Polarität wird jedoch auf musikalische Elemente zurückgeführt.»[282] Diese Entwicklung setzt sich konsequent bis zum *Klarinettenquintett* op. 115, das 1891 erscheint, fort. Der äußere Anstoß zu dieser Komposition war die Bekanntschaft Brahms' mit dem Klarinettisten Richard Mühlfeld. *Er ist der beste Bläser überhaupt, den ich kenne.*[283] So kann man mit einiger Berechtigung sagen, daß dieses Quintett wiederum eine «Gelegenheitskomposition» ist, Gelegenheit für Brahms, seine Formvorstellungen noch einmal in Vollendung vorzuführen. Und wenn man wieder einmal gemeint hätte, nach Mozarts «Klarinetten-Quintett» habe diese Form ihren Endpunkt erreicht, muß man konstatieren, daß dieses neuere Werk in seiner beinahe überpersönlichen, weltabgewandten Schönheit sich als eine, sich wie selbstverständlich anfügende Nachfolge erweist.

Kammermusik, eine musikalische Form, die Brahms — seiner Introvertiertheit, wenn man so will — naheliegen mußte, bringt auch, trotz der rauschenden Symphonien und den Vokalwerken den intensivsten Eindruck seines künstlerischen, formerischen Wollens und Empfindens. Es wäre schön, hier mit einem erläuternden Brahms-Zitat zu seiner Kammermusik abschließen zu können, aber da Schüchternheit und Verschlossenheit ihn immer abgehalten haben, viel über sein Werk zu sprechen, bleibt nichts übrig, als noch einmal seinen Hinweis weiterzugeben: *In meinen Tönen spreche ich.*[284]

ANMERKUNGEN

1 «Die Unbedingtheit in Werk und Gestalt». In: Richard Hamann und Jost Hermand, «Epochen deutscher Kultur von 1870 bis zur Gegenwart» Bd. 1: Gründerzeit. München 1971

2 Aus: «Eine Glückliche. Hedwig von Holstein in ihren Briefen und Tagebuchblättern». Zit. n. Max Kalbeck: «Johannes Brahms». 8 Bde. Berlin 1904–1914

3 Wilfried Mellers: «Musik und Gesellschaft. Eine Musikgeschichte von 1750 bis 1830». Frankfurt a. M. 1964 (Originalausg.: «The Sonata Principle». London 1957)

4 Ebd.

5 Ebd.

6 Ebd.

7 Ebd.

8 Zit. n. Kalbeck, a. a. O.

9 Vgl. Hans Heigert: «Deutschlands falsche Träume oder: Die verführte Nation». Hamburg 1967

10 Vgl. Hamann und Hermand, a. a. O.

11 Kalbeck, a. a. O.

12 Ebd.

13 Ebd.

14 Claude Rostand: «Brahms» Bd. I. Paris 1954

15 Ebd.

16 *Briefwechsel.* 16 Bde. Berlin 1908–1922

17 Hans Gal: «Johannes Brahms. Werk und Persönlichkeit». Frankfurt a. M. 1961

18 Luise Scholz: «Reminiszenzen». Zit. n. Kalbeck, a. a. O.

19 Joseph Viktor Widmann: «Johannes Brahms in Erinnerungen». Berlin 1898

20 Kalbeck, a. a. O.

21 Klaus Groth: «Notizen über Johannes Brahms». In: Volquart Pauls (Hg.), «Briefe der Freundschaft. Johannes Brahms – Klaus Groth». Heide 1956

22 Kalbeck, a. a. O.

23 Ebd.

24 Vgl. Hamann und Hermand, a. a. O.

25 Johann Jacob Brahms an Otto Friedrich Willibald Cossel, Hamburg 1840. Vgl. Kalbeck, a. a. O.

26 Kalbeck, a. a. O.

27 Brahms an Hermann Deiters, in: *Briefwechsel*, a. a. O.

28 Rostand, a. a. O.

29 Florence May: «Johannes Brahms». Leipzig 1911

30 Brahms an Julius Allgeyer (Wien, 18. März 1876). In: Alfred Orel (Hg.), «Johannes Brahms und Julius Allgeyer. Eine Künstlerfreundschaft in Briefen». Tutzing 1964

31 Ebd.

32 Richard Specht: «Johannes Brahms». Hellerau 1928

33 Vgl. Franz Grasberger: «Johannes Brahms. Variationen um sein Wesen». Wien 1952

34 Specht, a. a. O.

35 E. Th. A. Hoffmann: «Kreisleriana Nro. 1–6». In: Hoffmann, «Fantasie- und Nachtstücke (1814–1819)». Zit. n. der Ausgabe München 1960

36 Brahms nennt sich in Anlehnung an E. Th. A. Hoffmanns Figur «Kapellmeister Johannes Kreisler» (s. Anm. 35)

37 Ricarda Huch: «Die Romantik». Tübingen 1951

38 Brahms' Testament in einem Brief an Fritz Simrock

39 Joseph Joachim: Brief an Gräfin Bernstorff-Gartow. In: Kalbeck, a. a. O. Vgl. a. Gal, a. a. O.

40 Ebd.

41 Kalbeck, a. a. O.

42 Ebd.

43 Ebd.

44 Brahms an Joseph Joachim (Weimar, 29. Juni 1853). In: Richard Litterscheid (Hg.), «Johannes Brahms in seinen Schriften und Briefen». Berlin 1943

45 *Briefwechsel*, a. a. O.

46 Ebd.

47 Ebd.

48 Ebd.

49 Brahms an Amalie Joachim (Dezember 1880); zit. n. Grasberger, a. a. O.

50 Ebd.

51 *Briefwechsel*, a. a. O.

52 Robert Schumann an Hermann Härtel (Düsseldorf, 8. Oktober 1853), in: Kalbeck, a. a. O.

53 Robert Schumann: «Neue Bahnen». In: «Neue Zeitschrift für Musik», Nr. 18, Bd. 39, Leipzig, 28. Oktober 1853

54 Brahms an Robert Schumann (Hannover, 16. November 1853). In: Berthold Litzmann (Hg.), «Clara Schumann – Johannes Brahms. Briefe aus den Jahren 1853–1896». Im Auftrage von Marie Schumann. Leipzig 1927

55 Gespräch mit Max Kalbeck. In: Kalbeck, a. a. O.

56 Thomas Mann: «Schwere Stunde» (1905). In: Mann, «Erzählungen». Frankfurt a. M. 1960

57 Gespräch mit Richard Heuberger. In: Grasberger, a. a. O.

58 Brahms an Robert Schumann (Leipzig, 29. November 1853). In: Litzmann, a. a. O.

59 Julius Otto Grimm an Joseph Joachim (Düsseldorf, 9. März 1854). In: Litterscheid, a. a. O.

60 Brahms an Joseph Joachim (Düsseldorf, Mai 1854). In: *Briefwechsel*, a. a. O.

61 Vgl. Litzmann, a. a. O.

62 Ebd. (Eßlingen, 15. August 1854)

63 Ebd. (Ulm, 16. August 1854)

64 Ebd. (Düsseldorf, 27. August 1854)
65 Ebd. (Hamburg, 21. Oktober 1854)
66 Ebd. (Hamburg, 25. November 1854)
67 Ebd. (Hamburg, 8. Dezember 1854)
68 Ebd. (Hamburg, 15. Dezember 1854)
69 Ebd. (Düsseldorf, 25. Januar 1855)
70 Ebd. (Düsseldorf, 3. Februar 1855)
71 Ebd. (Düsseldorf, 23. Juni 1855)
72 Ebd. (Düsseldorf, 19. August 1855)
73 Ebd. (Hamburg, 4. Dezember 1855)
74 Ebd. (Hannover, 21. Dezember 1859)
75 Ebd. (Düsseldorf, 16. Mai 1856)
76 Grasberger, a. a. O.
77 Ebd.
78 Litzmann, a. a. O. (Düsseldorf, 24. Mai 1856)
79 Ebd. (Düsseldorf, 31. Mai 1856)
80 Clara Schumann kam von ihrer Konzertreise aus London. Brahms
    empfing sie am 4. Juli 1856 in Antwerpen. Gemeinsam fuhren sie
    nach Ostende, da Brahms das Meer sehen wollte. Am 6. Juli kommen
    beide in Düsseldorf an. Brahms geht anschließend nach Hannover.
    Am 29. Juli stirbt Robert Schumann.
81 Brahms an Julius Otto Grimm (Heidelberg, September 1856). In: Lit-
    terscheid, a. a. O.
82 Brahms an Theodor Billroth (23. Oktober 1874). In: Otto Gottlieb
    Billroth, «Brahms und Billroth im Briefwechsel». Wien 1935
83 Johann Wolfgang von Goethe: «Die Leiden des jungen Werther». In:
    «Goethes Werke. Hamburger Ausgabe». Hamburg 1965
84 Gal, a. a. O.
85 f-moll-Sonate op. 5 (1853), H-Dur-Trio op. 8 (1854), Schumann-
    Variationen op. 9 (1854), Klavierballaden op. 10 (1854), Gesänge
    op. 6 und 7 (1853). Ein von Joachim 1856 im Frühjahr durchgesehe-
    nes Quartett ist nicht genau unter den später erschienenen unterzu-
    bringen; vgl. May, a. a. O.
86 Kalbeck, a. a. O.
87 Litzmann, a. a. O. (4. Dezember 1855)
88 Brahms an Berthold Senff (Hamburg, 26. Dezember 1853). In: Lit-
    terscheid, a. a. O. (Bei der Sonate handelt es sich um die f-moll-
    Sonate op. 5.)
89 Albert Dietrich: «Erinnerungen an Johannes Brahms». Leipzig 1898
90 Litzmann, a. a. O. (Hamburg, 28. Oktober 1856)
91 Ebd.
92 Ebd. (Detmold, 11. Oktober 1857)
93 Vgl. Willi Schramm: «Johannes Brahms in Detmold». Leipzig 1933
94 Brahms an Joseph Joachim (Detmold, 5. Dezember 1857). In: Brief-
    wechsel, a. a. O.
95 Schramm, a. a. O.
96 Ebd.
97 Brahms an Joseph Joachim (Düsseldorf, 1. April 1854). In: Brief-

wechsel, a. a. O.
98 Ebd.
99 Kalbeck, a. a. O.
100 Die jungen Musiker um Robert Schumann hatten ihm den Namen «Dominus» gegeben. Daher auch die Anrede «Mynheer Domine!» in Brahms' Brief vom 29. November 1853 an Robert Schumann; vgl. Anm. 58
101 Brahms an Joseph Joachim (Düsseldorf, 11. Juli 1857). In: Litterscheid, a. a. O.
102 Brahms an Joseph Joachim (Detmold, 22. Dezember 1857); ebd.
103 Brahms an Joseph Joachim (Leipzig, 28. Januar 1859); ebd.
104 Ebd.
105 Ludwig Christoph Heinrich Hölty: «Der Kuß» (Brahms, op. 19 Nr. 1)
106 Brahms an Julius Otto Grimm (Detmold, Oktober 1858). In: *Briefwechsel*, a. a, O.
107 Ebd.
108 Schramm, a. a. O.
109 Brahms an Marie Schumann (April 1896). In: Litzmann, a. a. O.
110 Brahms an Agathe von Siebold (1859). In: Litterscheid, a. a. O.
111 Clara Schumann an Brahms (Amsterdam, 5. Februar 1860). In: Litzmann, a. a. O.
112 Brahms an Auguste Brandt. In: Kalbeck, a. a. O.
113 Ebd.
114 Gal, a. a. O.
115 Brahms an Fräulein von Meysenburg. In: May, a. a. O.
116 Litterscheid, a. a. O.
117 Brahms an Friedchen Wagner. In: May, a. a. O.
118 Brahms an Clara Schumann (3. Juli 1859). In: Litzmann, a. a. O.
119 Kalbeck, a. a. O.
120 Johann Wolfgang von Goethe: «Werke» Bd. 5. 7. Aufl. Hamburg 1966
121 Brahms an Joseph Joachim (1860). In: *Briefwechsel*, a. a. O.
122 Brahms an den Verleger Jakob Melchior Rieter-Biedermann (November 1860). In: Litterscheid, a. a. O.
123 Brahms an den Verleger Rieter-Biedermann (Hamburg, 29. August 1860); ebd.
124 Über den Musikstreit s. S. 87 f
125 Brahms an den Verleger Rieter-Biedermann (Hamburg, 29. August 1860); s. Anm. 123
126 Brahms an Clara Schumann (Hamburg, 11. September 1860). In: Litterscheid, a. a. O.
127 Brahms an Joseph Joachim (Hamburg, 13. September 1860). In: *Briefwechsel*, a. a. O.
128 Brahms an Clara Schumann (1859). In: Litterscheid, a. a. O.
129 Berthold Litzmann (Hg.): «Clara Schumann. Ein Künstlerleben». 3 Bde. Leipzig 1902–1910
130 Brahms an Joseph Joachim (Hamburg, 18. Juni 1859). In: *Briefwech-*

sel, a. a. O.

131 Ebd.

132 Es sind die Skizzen zum *A-Dur-Klavierquartett*

133 Dietrich, a. a. O.

134 Kalbeck, a. a. O.

135 Brahms an den Verlag Breitkopf und Härtel (16. April 1862). In: Kalbeck, a. a. O.

136 May, a. a. O.

137 Brahms an Julius Otto Grimm (Wien, November 1862). In: *Briefwechsel*, a. a. O.

138 Grasberger, a. a. O.

139 Kalbeck, a. a. O.

140 Brahms an seine Eltern. In: Litterscheid, a. a. O.

141 Kalbeck, a. a. O.

142 Joseph Joachim an Avé-Lallement. In: Litterscheid, a. a. O.

143 Litzmann, Schumann-Brahms-Briefe, a. a. O.

144 Specht, a. a. O.

145 Brahms an Adolf Schubring (Wien, 26. März 1863). In: Litterscheid, a. a. O.

146 Brahms an das Komitee der Singakademie. In: May, a. a. O.

147 Specht, a. a. O.

148 Eduard Hanslick über das Konzert der Singakademie vom 6. Januar 1864. In: May, a. a. O.

149 May, a. a. O.

150 Ebd.

151 Ebd.

152 Ebd.

153 Brahms an den Verleger Rieter-Biedermann (18. Februar 1863). In: Litterscheid, a. a. O.

154 Kalbeck, a. a. O.

155 Ebd.

156 Ebd.

157 Specht, a. a. O.

158 Ebd.

159 Kalbeck, a. a. O.

160 *Briefwechsel*, a. a. O., Bd. 1

161 Ebd.

162 Ebd.

163 Ebd.

164 Ebd.

165 Ebd.

166 Kalbeck, a. a. O.

167 Ebd.

168 Specht, a. a. O.

169 Ebd.

170 Ebd.

171 Brahms an seinen Vater (Wien, 30. April 1869). In: Litterscheid, a. a. O.

172 Brahms an Karl Reinthaler (Hamburg, 12. März 1868). In: *Brief-wechsel*, a. a. O.

173 Brahms an den Verleger Berthold Senff (Wien, 20. Januar 1869). In: Litterscheid, a. a. O.

174 Fritz Simrock an Brahms (Berlin, 22. Februar 1873). In: Kurt Ste-phenson, «Johannes Brahms und Fritz Simrock. Weg einer Freund-schaft». Hamburg 1961

175 Brahms an Fritz Simrock (1881). In: *Briefwechsel*, a. a. O.

176 Brahms an Fritz Simrock (1873); ebd.

177 Brahms an Fritz Simrock (1881); ebd.

178 Stephenson, a. a. O.

179 Specht, a. a. O.

180 Kalbeck, a. a. O.

181 Specht, a. a. O.

182 Brahms an Ferdinand Hiller. In: Kalbeck, a. a. O.

183 Kalbeck, a. a. O.

184 Litzmann, Clara Schumann, a. a. O.

185 Kalbeck, a. a. O.

186 Ebd.

187 Ebd.

188 Ebd.

189 Ebd.

190 Grasberger, a. a. O.

191 Litterscheid, a. a. O.

192 Ebd.

193 Brahms an Theodor Billroth (Dezember 1876); ebd.

194 Elisabet von Herzogenberg an Brahms (27. März 1881). In: *Brief-wechsel*, a. a. O.

195 Kalbeck, a. a. O.

196 Ebd.

197 Ebd.

198 Brief an den Regierungsrat H. Steinmetz in Düsseldorf vom 15. Okto-ber 1876. Zitiert nach dem Original, das sich im Heinrich-Heine-Institut des Düsseldorfer Landesmuseums befindet.

199 Ebd.

200 Extrablatt vom 2. Dezember 1867; zit. n. einem Exemplar im Besitz des Heinrich-Heine-Instituts des Düsseldorfer Landesmuseums.

201 Specht, a. a. O.

202 Ebd.

203 Brahms an Simrock (12. Oktober 1890). In: *Briefwechsel*, a. a. O.

204 Specht, a. a. O.

205 Schattenriß von Otto Böhler. Der «Rote Igel» war ein von Brahms häufig besuchtes Speiserestaurant.

206 Specht, a. a. O.

207 Ebd.

208 Kalbeck, a. a. O.

209 Gal, a. a. O.

210 *Briefwechsel*, a. a. O.

211 Kalbeck, a. a. O.
212 Specht, a. a. O.
213 Ebd.
214 Kalbeck, a. a. O.
215 Richard Wagner: «Über das Dirigieren». In: «Neue Zeitschrift für Musik» (Leipzig 1869)
216 Groth, a. a. O.
217 Richard Wagner an Brahms (6. Juni 1875). In: Kalbeck, a. a. O.
218 Brahms an Richard Wagner (Juni 1875); ebd.
219 Richard Wagner an Brahms (26. Juni 1875); ebd.
220 Brahms an Richard Wagner (Juni 1875); ebd.
221 Brahms an Hans von Bülow (1882); ebd. Vgl. dazu: «Hans von Bülows Briefe und Schriften». Hg. von Marie von Bülow. Leipzig 1895–1909
222 Kalbeck, a. a. O.
223 Ebd.
224 Litzmann, Clara Schumann, a. a. O.
225 Walter Deppisch: «Richard Strauss». Reinbek 1968 (= rowohlts monographien. 146)
226 Specht, a. a. O.
227 Ebd.
228 Richard Specht hat diesen Text als Stück einer Unterhaltung in Brahms' Todesjahr mitgeteilt; hier zit. n. Kalbeck, a. a. O.
229 Josef Müller-Marein und Hannes Reinhardt: «Das musikalische Selbstporträt». Hamburg 1963
230 Briefwechsel, a. a. O.
231 Brahms an Joseph Joachim (Mai 1879); ebd.
232 Brahms an Miller von Aichholz; zit. n. Gal, a. a. O.
233 Kalbeck, a. a. O.
234 Kritik vom 27. April 1884. In: Kalbeck, a. a. O.
235 Kritik aus der «Neuen Berliner Musikzeitung», Jg. 13/1859, Nr. 26. In: Carl Dahlhaus, «Johannes Brahms Klavierkonzert Nr. 1 d-moll, op. 15». München 1965
236 Vgl. Gal, a. a. O.
237 Litzmann, Clara Schumann, a. a. O.
238 Specht, a. a. O.
239 Paul Bekker: «Gustav Mahlers Sinfonien». Berlin 1921; zit. n. Wolfgang Schreiber: «Gustav Mahler». Reinbek 1971 (= rowohlts monographien. 181)
240 Brahms an Clara Schumann (Düsseldorf, 31. Mai 1856). In: Litzmann, Schumann-Brahms-Briefe, a. a. O.
241 Kalbeck, a. a. O.
242 Litzmann, Schumann-Brahms-Briefe, a. a. O.
243 Brahms an Hans von Bülow (1884); zit. n. Grasberger, a. a. O.
244 Kalbeck, a. a. O.
245 Ebd.
246 Litzmann, Schumann-Brahms-Briefe, a. a. O.
247 Brahms an Joseph Joachim (Juni 1856). In: Briefwechsel, a. a. O.

248 Brahms an Adolf Schubring (Februar 1869); ebd.

249 Grasberger, a. a. O.

250 August Sturke: «Der Stil in Johannes Brahms' Werken». Würzburg 1932

251 Gustav Jenner: «Johannes Brahms als Mensch, Lehrer und Künstler». Marburg 1905

252 Klaus Stahmer: «Musikalische Formung in soziologischem Bezug. Dargestellt an der instrumentalen Kammermusik von Johannes Brahms». Diss. Kiel 1968

253 Viktor Urbantschitsch: «Die Entwicklung der Sonatenform bei Brahms». Wien 1927

254 Christian Martin Schmidt: «Motivisch-thematische Vermittlung in der Musik von Johannes Brahms». München 1971

255 Ebd.

256 Arnold Schoenberg: «Style and Idea». New York 1950

257 Stahmer, a. a. O.

258 Brahms an Fritz Simrock (21. Dezember 1876). In: *Briefwechsel*, a. a. O.

259 Sturke, a. a. O.

260 Gal, a. a. O.

261 Kalbeck, a. a. O.

262 Litzmann, Schumann-Brahms-Briefe, a. a. O.

263 Brahms an Joseph Joachim (Wien, September 1862). In: *Briefwechsel*, a. a. O.

264 Ebd.

265 Brahms an Clara Schumann (27. Januar 1860). In: Litzmann, Schumann-Brahms-Briefe, a. a. O.

266 Siegmund Helms: «Die Melodiebildung in den Liedern von Johannes Brahms und ihr Verhältnis zu Volksliedern und volkstümlichen Weisen». Diss. Berlin 1968

267 *Briefwechsel*, a. a. O.

268 Litzmann, Schumann-Brahms-Briefe, a. a. O.

269 Gal, a. a. O.

270 Prediger Salomo, Kap. 4 in: *Vier ernste Gesänge* op. 121

271 Richard Wagner: «Gesammelte Schriften und Dichtungen». Berlin 1914

272 Gal, a. a. O.

273 Litzmann, Schumann-Brahms-Briefe, a. a. O.

274 Brahms an Karl Reinecke, Dirigent der Gewandhauskonzerte; zit. n. Gal, a. a. O.

275 *Briefwechsel*, a. a. O.

276 Brahms an Joseph Joachim (Wien, 21. Januar 1879); ebd.

277 Litzmann, Schumann-Brahms-Briefe, a. a. O.

278 Vgl. S. 46

279 Vgl. S. 112

280 Brahms an Emma Engelmann (Preßbaum, 7. Juli 1881). In: Litterscheid, a. a. O.

281 Arnold Schönberg an Alfred V. Frankenstein («San Francisco Chro-

nicle» vom 18. März 1939). In: Josef Rufer, «Das Werk Arnold
Schönbergs». Kassel 1959
282 Stahmer, a. a. O.
283 Brahms an Clara Schumann (Ischl, Juli 1891). In: Litzmann, Schumann-Brahms-Briefe, a. a. O.
284 Vgl. S. 100

ZEITTAFEL

1833	Johannes Brahms wird in Hamburg am 7. Mai geboren.
1840	Klavierunterricht bei Otto Friedrich Willibald Cossel. Daneben seit 1839 Schulbesuch. Bald begleitet das Kind Brahms seinen Vater, wenn er in Kneipen zum Tanz oder zur Unterhaltung aufspielt.
1843	Erstes öffentliches Auftreten als Pianist. Das «Wunderkind» Brahms wird zu einer Amerika-Tournee aufgefordert. Der Lehrer Cossel kann die Reise verhindern; Brahms kommt zu einem berühmten Lehrer, zu Eduard Marxsen.
1848/49	Erstes Auftreten in Konzerten. Brahms spielt zum erstenmal ein eigenes Stück: *Phantasie über einen beliebten Walzer.*
1853	Reise mit Eduard Reményi. Brahms lernt in Hannover den Geiger Joseph Joachim kennen, in Weimar Franz Liszt und in Düsseldorf schließlich Robert und Clara Schumann. Schumann schreibt seinen Aufsatz «Neue Bahnen», in dem er Brahms als den kommenden Meister der Musik ankündigt.
1854	Die Schumann-Katastrophe. Robert Schumann stürzt sich von einer Brücke in den Rhein, er wird in die Heilanstalt Endenich bei Bonn gebracht. Brahms' Neigung zu Clara Schumann entwickelt sich zur Leidenschaft.
1855	Rheinreise mit Clara Schumann. Konzertreise nach Danzig.
1856	Robert Schumann stirbt am 29. Juli. Brahms trennt sich von Clara Schumann und Düsseldorf.
1857	Brahms in Detmold. Erste Erfahrung als Chordirigent.
1858	Brahms lernt in Göttingen Agathe von Siebold kennen. Es kommt zur Verlobung, aber Brahms entzieht sich der Bindung.
1859	Wieder in Detmold – den Herbst über, die beiden *Serenaden* op. 11 und op. 16 entstehen. Das erste *Klavierkonzert* op. 15 wird nach langer Vorbereitungszeit fertig. In Leipzig fällt es durch. In Hamburg begründet Brahms einen Frauenchor, der Anregung zu neuen Chorkompositionen gibt: *Volkslieder, Marienlieder, Begräbnisgesang.*
1860	Manifest gegen die «Neudeutschen» um Liszt.
1861	Brahms lebt im Hamburger Vorort Hamm, er schreibt die *Händel-Variationen* op. 24.
1862	Erste Reise nach Wien. Die Anstellung, auf die er in Hamburg hoffte, die Leitung der Hamburger Philharmonischen Konzerte, wird nicht ihm, sondern dem Sänger Julius Stockhausen übertragen.
1863	Brahms schreibt in Blankenese den *Rinaldo* op. 50. Er wird zum Leiter der Wiener Singakademie berufen und nimmt an.
1864	Rücktritt als Chormeister der Singakademie.
1865	Brahms' Mutter stirbt. Brahms beendet sein *Deutsches Requiem* op. 50.
1866	Der Vater heiratet zum zweitenmal. Brahms hat zu seiner Stiefmutter, für die er später rührend sorgt, spontan ein gutes Verhältnis.
1868	Uraufführung des *Deutschen Requiem* in Bremen. Veröffentlichung der *Ungarischen Tänze.*
1869	Die 1861 begonnenen *Magelonen-Romanzen* werden fertiggestellt.
1871	Brahms schreibt, angeregt vom deutschen Sieg über Frankreich, das *Triumphlied* op. 55. Es wird sogleich (im April in Bremen und im Juni in Karlsruhe) aufgeführt.
1872	Brahms erhält die Leitung des Wiener Singvereins. Er bezieht die Wohnung Karlsgasse 4. In diesem Jahr stirbt der Vater.

1873	In Tutzing schließt Brahms während eines Sommeraufenthalts die *Haydn-Variationen* op. 56 ab.
1874	Sommeraufenthalt in Rüschlikon bei Zürich. In Leipzig beginnt die Freundschaft zu Elisabet und Heinrich von Herzogenberg.
1875	Rücktritt von der Leitung des Wiener Singvereins.
1876	Die erste *Symphonie c-moll* op. 68 wird fertig. Am 4. November Uraufführung in Karlsruhe unter Otto Dessoff. Verhandlungen mit der Stadt Düsseldorf über die Leitung des dortigen Musikvereins.
1877	Erster Pörtschach-Sommer. Brahms schreibt an seiner zweiten *Symphonie D-Dur* op. 77, sie wird am 30. Dezember in Wien uraufgeführt.
1878	Der zweite Pörtschach-Sommer. Brahms komponiert das *Violinkonzert D-Dur* op. 77. Erste Italien-Reise mit Theodor Billroth.
1879	Die Universität Breslau verleiht Brahms die Ehrendoktorwürde. Dritter und letzter Pörtschach-Sommer. Konzertreise mit Joachim durch Siebenbürgen.
1880	Sommer in Bad Ischl. Die beiden Ouvertüren op. 80 und op. 81 entstehen. Brahms sagt über sie: *Die eine weint, die andere lacht.*
1881	In Preßbaum bei Wien beendet Brahms das zweite *Klavierkonzert b-moll* op. 83. Hans von Bülow bringt es mit seinem Meininger Meisterorchester zur Uraufführung.
1883	Sommer in Wiesbaden. Die *Dritte Symphonie* wird beendet und von Hans Richter im Dezember in Wien uraufgeführt.
1884	Besuch im Herzogtum Meiningen. Sommer in Mürzzuschlag in der Steiermark. Brahms beginnt die *Vierte Symphonie c-moll* op. 98.
1885	Uraufführung der im zweiten Sommer in Mürzzuschlag vollendeten *Vierten Symphonie* am 25. Oktober in Meiningen.
1886	Brahms wird Ehrenpräsident des Wiener Tonkünstlervereins. Zu Hofstätten am Thuner See, wo er auch die Sommer 1887 und 1888 verbringt, schreibt er neben den *Cello-Sonaten* op. 99 und den *Violin-Sonaten* op. 100 und op. 108 das *Doppelkonzert für Violine und Cello a-moll* op. 102.
1889	Ehrenbürgerschaft in Hamburg. Sommer in Ischl. Hier beendet er im darauffolgenden Jahr das *Streichquintett G-Dur* op. 111 und 1891 das *Klarinettentrio a-moll* op. 114 sowie das *Klarinettenquintett h-moll* op. 115.
1893	Letzte Reise nach Italien und letzter Aufenthalt in Ischl.
1895	Brahms-Fest in Meiningen. Andere Städte folgen dem Beispiel.
1896	Clara Schumann stirbt am 20. Mai. Brahms beendet die Komposition der *Vier ernsten Gesänge* op. 121.
1897	Brahms stirbt am 3. April. Er wird auf dem Wiener Zentralfriedhof begraben.

ZEUGNISSE

ROBERT SCHUMANN

Es ist hier ein junger Mann erschienen, der uns mit seiner wunderbaren Musik auf das allertiefste ergriffen hat und [wie] ich überzeugt [bin], die größeste Bewegung in der musikalischen Welt hervorrufen wird.

Brief an den Verlag Breitkopf und Härtel. 1853

ALBERT DIETRICH

Das Wunderbarste an Brahms ist, daß er, in gänzlicher Einsamkeit in Hamburg lebend, bis vor ganz kurzer Zeit noch nichts von Schumann, Chopin und Anderen kennen gelernt hatte, und trotzdem ist das Terrain, welches die Neueren betreten, ihm ein ganz heimatlicher Boden; ja Compositionen aus früher Kindheit steigen bereits in recht hohe Regionen.

Wenn seine Musik überhaupt an irgend etwas erinnert, so ist es der späte Beethoven. Dann zieht sich etwas Volksliedartiges durch alle seine Werke, und dies ist es eigentlich, glaube ich, was seiner ganzen Musik den herzgewinnenden Zauber verleiht.

Dann ist es die höchste Unmittelbarkeit und Ursprünglichkeit selbst der fremdartigsten und wundersamsten Combinationen, die überall ganz ungesucht, fast naiv auftreten und deshalb eben von so herrlicher Wirkung sind.

Brief an Ernst Naumann. 1853

FRIEDRICH NIETZSCHE

Brahms' Schaffen ist die Melancholie des Unvermögens.

In: «Der Fall Wagner», Turiner Brief vom Mai 1888

EUSEBIUS MANDYCZEWSKI

Mehr noch als auf jedem andern Gebiete offenbart er hier [in der Kammermusik] seine eigenartige Begabung als absoluter Musiker. Dieses Gebiet kennt weder die Anlehnung an den Text, noch den Glanz der Virtuosität, noch die Farbenpracht des Orchesters; einzig der musikalische Gedanke, in dem sich die Empfindung des Komponisten ausdrückt, herrscht hier, und seine schöne Form. Für eine etwas in sich gekehrte Natur, für einen so aus dem tiefsten Innern schaffenden Komponisten wie Brahms, war es das nächstliegende Gebiet. In der Größe der Anlage, in der Tiefe des Gehalts, in der Mannigfaltigkeit der Einzelheiten, der Verschiedenartigkeit der Stimmungen überragt er hier selbst seine großen Vorgänger Mendelssohn und Schumann, und steht unmittelbar neben den Größten.

Allgemeine deutsche Biographie

Wilhelm Furtwängler

Seine Werke werden mit höherem Alter immer knapper, dichter, gedrängter, in der Empfindung dabei immer schlichter. Und es zeigt sich gerade an ihm, daß es eine Entwicklung und Entfaltung nicht nur nach der Seite der Vielfältigkeit hin gibt, sondern auch nach der der Einfachheit . . .

Brahms vermochte es – und darin war er seinen großen Vorgängern ähnlich –, eine Melodie zu schreiben, die bis in die kleinsten Biegungen hinein sein Eigentum war und doch wie ein Volkslied klang. Oder, umgekehrt gesagt: eine Melodie, die ein wirkliches, echtes Volkslied – und doch von Brahms war.

Rede. 1931

Arnold Schönberg

Von Brahms (habe ich gelernt):
1. Vieles von dem, was mir durch Mozart unbewußt zugeflogen war, insbesondere Ungradtaktigkeit, Erweiterung und Verkürzung der Phrasen
2. Plastik der Gestaltung: nicht sparen, nicht knausern, wenn die Deutlichkeit größeren Raum verlangt; jede Gestalt zu Ende führen
3. Systematik des Satzbildes
4. Ökonomie und dennoch: Reichtum.

In: «Nationale Musik». 1931

Bruno Walter

Die Wahl zwischen Wagner und Brahms, die mir eigentlich wegen des Milieus, in dem ich aufgewachsen war und lebte, Qual bereiten sollte, wurde mir sehr leicht: denn ich wählte nicht, ich liebte eben beide.

In: «Thema und Variationen». 1947

BIBLIOGRAPHIE

1. Die Werke von Johannes Brahms

Sämtliche Werke. Ausgabe der Gesellschaft der Musikfreunde in Wien unter der Leitung von E. MANDYCZEWSKI und H. GAL. 26 Bde. Leipzig 1926–1929

2. Biographien und Lebensbilder

GAL, HANS: Johannes Brahms. Werk und Persönlichkeit. Frankfurt a. M. 1961

GEIRINGER, KARL: Johannes Brahms. Wien 1934

GRASBERGER, FRANZ: Johannes Brahms. Variationen um sein Wesen. Wien 1952

KALBECK, MAX: Johannes Brahms. 8 Bde. Berlin 1904–1914

MAY, FLORENCE: Johannes Brahms. London 1905 – Leipzig 1911

ROSTAND, CLAUDE: Brahms. Bd. I. Paris 1954

SPECHT, RICHARD: Johannes Brahms. Hellerau 1928

3. Korrespondenz

Briefwechsel. 16 Bde. Hg. Deutsche Brahms-Gesellschaft. Berlin 1908–1922

Bd. 1, 2: Briefwechsel mit Heinrich und Elisabet von Herzogenberg. Hg. von M. KALBECK. Berlin 1912

Bd. 3: Briefwechsel mit Reinthaler, Bruch, Deiters, Heimsoeth, Reinekke, Rudorff, Bernhard und Luise Scholz. Hg. von W. ALTMANN. Berlin 1908

Bd. 4: Briefwechsel mit Julius Otto Grimm. Hg. von R. BARTH. Berlin 1908

Bd. 5, 6: Briefwechsel mit Joseph Joachim. Hg. von A. MOSER. Berlin 1908

Bd. 7: Briefwechsel mit Levi, Gernsheim, Hecht und Fellingers. Hg. von L. SCHMIDT. Berlin 1910

Bd. 8: Briefwechsel mit Widmann, Ellen und Ferdinand Vetter und Schubring. Hg. von M. KALBECK. Berlin 1915

Bd. 9–12: Briefwechsel mit Simrocks. Hg. von M. KALBECK. Berlin 1917–1919

Bd. 13: Briefwechsel mit Engelmanns. Hg. von J. ROENTGEN. Berlin–Leipzig 1918

Bd. 14: Briefwechsel mit Breitkopf und Härtel, Senff, Rieter-Biedermann, Peters, Fritzsch und Lienau. Hg von W. ALTMANN. Berlin 1920

Bd. 15: Briefwechsel mit Franz Wüllner. Hg. von E. WOLFF. Berlin 1922

Bd. 16: Briefwechsel mit Spitta und von Dessoff. Hg. von C. KREBS.

Berlin 1920

BILLROTH, OTTO GOTTLIEB: Brahms und Billroth im Briefwechsel. Wien 1935

BÜLOW, MARIE VON (Hg.): Hans von Bülows Briefe und Schriften. Leipzig 1895–1908

LITTERSCHEID, RICHARD (Hg.): Johannes Brahms in seinen Schriften und Briefen. Berlin 1943

LITZMANN, BERTHOLD (Hg.): Clara Schumann – Johannes Brahms. Briefe aus den Jahren 1853–1896. Leipzig 1927
Clara Schumann. Ein Künstlerleben. 3 Bde. Leipzig 1902–1910

MÜLLER VON ASOW, E. W.: Briefwechsel mit Mathilde Wesendonck. Wien 1943

OREL, ALFRED (Hg.): Johannes Brahms und Julius Allgeyer. Eine Künstlerfreundschaft in Briefen. Tutzing 1964

PAULS, VOLQUART (Hg.): Briefe der Freundschaft. Johannes Brahms – Klaus Groth. Heide 1956

STEPHENSON, KURT: Johannes Brahms und Fritz Simrock. Weg einer Freundschaft. Hamburg 1961

4. Erinnerungen, Biographisches und Essayistisches

AVÉ-LALLEMANT, T.: Rückerinnerungen eines alten Musikanten. Hamburg 1878

BALASSA, O. VON: Die Brahms-Freundin Ottilie Ebner. Wien 1933

BILLROTH, T.: Wer ist musikalisch?. Berlin 1912

DIETRICH, A.: Erinnerungen an Johannes Brahms. Leipzig 1898

FELLINGER, R.: Klänge um Brahms. Berlin 1933

GOLDMARK, K.: Erinnerungen aus meinem Leben. Wien 1922

HANSLICK, E.: Vom Musikalisch Schönen (1854). Leipzig 1902
Aus meinem Leben. Berlin 1894

HENSCHEL, G.: Personal recollections of Johannes Brahms. Boston 1907

HEUBERGER, R.: Unbekannte Aufzeichnungen über Johannes Brahms.

HÜBBE, W.: Brahms in Hamburg. Hamburg 1902

JENNER, G.: Johannes Brahms als Mensch, Lehrer und Künstler. Marburg 1905

MICHELMANN, E.: Agathe von Siebold. Göttingen 1930

MOSER, A.: Joseph Joachim. Berlin 1908

OPHÜLS, G.: Erinnerungen an Johannes Brahms. Berlin 1921

OREL, A.: Johannes Brahms. Ein Meister und sein Weg. Olten 1948

SCHRAMM, W.: Brahms in Detmold. Leipzig 1933

SPIES, M.: Hermine Spies. Leipzig 1905

5. Zum Werk

BURKHARDT, M.: Johannes Brahms. Ein Führer durch seine Werke. Berlin 1912

DAHLHAUS, C.: Johannes Brahms Klavierkonzerte Nr. 1 d-moll op. 15. München 1965

DEITERS, H.: Johannes Brahms. Sammlung musikalischer Vorträge. Leipzig 1880–1898

EHRMANN, A. VON: Johannes Brahms. Thematisches Verzeichnis seiner Werke. Leipzig 1933

FELLINGER, I.: Über die Dynamik in der Musik von Johannes Brahms. Berlin–Wunsiedel 1961

GIEBELER, K.: Die Lieder von Johannes Brahms. Ein Beitrag zur Musikgeschichte des 19. Jahrhunderts. Diss. Münster 1959

HELMS, S.: Die Melodiebildung in den Liedern von Johannes Brahms und ihr Verhältnis zu Volksliedern und volkstümlichen Weisen. Diss. Berlin 1968

KNEPLER, G.: Die Form in den Instrumentalwerken Johannes Brahms'. Diss. Wien 1930

KROSS, S.: Die Chorwerke von Johannes Brahms. Berlin–Wunsiedel 1958

MITSCHKA, A.: Der Sonatensatz in den Werken von Johannes Brahms. Diss. Gütersloh 1961

MORIK, W.: Johannes Brahms und sein Verhältnis zum deutschen Volkslied. Diss. Göttingen 1953

SCHMIDT, CH. M.: Motivisch-thematische Vermittlung in der Musik von Johannes Brahms. München 1971

STAHMER, K.: Musikalische Formung in soziologischem Bezug. Dargestellt an der instrumentalen Kammermusik von Johannes Brahms. Diss. Kiel 1968

STURKE, A.: Der Stil in Johannes Brahms' Werken. Würzburg 1932

URBANTSCHITSCH, V.: Die Entwicklung der Sonatenform bei Brahms. Wien 1927

WETSCHKY, J.: Die Kanontechnik in der Instrumentalmusik von Johannes Brahms. Diss. Köln 1965

WERKVERZEICHNIS

(Die in Klammern gesetzten Jahreszahlen bezeichnen das Datum der Veröffentlichung.)

a) Orchesterwerke
1. Symphonie, c-Moll, Op. 68 (1877)
2. Symphonie, D-Dur, Op. 73 (1878)
3. Symphonie, F-Dur, Op. 90 (1884)
4. Symphonie, e-Moll, Op. 98 (1886)
   Serenade No. 1, D-Dur, Op. 11 (1860)
   Serenade No. 2, A-Dur, Op. 16 (1860)
   Variationen über ein Thema von Joseph Haydn, Op. 56a (1874)
   Akademische Festouvertüre, Op. 80 (1881)
   Tragische Ouvertüre, Op. 81 (1881)
   Drei ungarische Tänze (Bearbeitung, 1874)
   Klavierkonzert No. 1, d-Moll, Op. 15 (1860)
   Klavierkonzert No. 2, B-Dur, Op. 83 (1882)
   Violinkonzert, D-Dur, Op. 77 (1879)
   Doppelkonzert für Violine und Violoncello, a-Moll, Op. 102 (1888)

b) Kammermusik
1. Mit Klavier:
   Quintett in f-Moll, Op. 34 (1865)
   Quartet No. 1, g-Moll, Op. 25 (1863)
   Quartett No. 2, A-Dur, Op. 26 (1863)
   Quartett No. 3, c-Moll, Op. 60 (1875)
   Trio in H-Dur, Op. 8 (1854, Neue Fassung 1891)
   Trio in Es-Dur, für Klavier, Violine und Horn, Op. 40 (1866)
   Trio in C-Dur, Op. 87 (1883)
   Trio in c-Moll, Op. 101 (1887)
   Trio in a-Moll für Klavier, Klarinette und Violoncello, Op. 114 (1892)
   Sonate No. 1, G-Dur, für Violine und Klavier, Op. 78 (1880)
   Sonate No. 2, A-Dur, für Violine und Klavier, Op. 100 (1887)
   Sonate No. 3, d-Moll, für Violine und Klavier, Op. 108 (1889)
   Scherzo für Violine und Klavier (nachgelassen, 1906)
   Sonate No. 1, e-Moll, für Violoncello und Klavier, Op. 38 (1866)
   Sonate No. 2, F-Dur, für Violoncello und Klavier, Op. 99 (1887)
   Zwei Sonaten für Klarinette und Klavier, Op. 120 (1895),
       No. 1 in f-Moll
       No. 2 in Es-Dur
2. Ohne Klavier:
   Sextett No. 1, B-Dur, für Streichinstrumente, Op. 18 (1862)
   Sextett No. 2, G-Dur, für Streichinstrumente, Op. 36 (1866)
   Quintett No. 1, F-Dur, für Streichinstrumente, Op. 88 (1883)
   Quintett No. 2, G-Dur, für Streichinstrumente, Op. 111 (1891)
   Quintett für Klarinette und Streichinstrumente, h-Moll, Op. 115 (1891)
   Streichquartett No. 1, c-Moll, Op. 51/1 (1873)
   Streichquartett No. 2, a-Moll, Op. 51/2 (1873)
   Streichquartett No. 3, B-Dur, Op. 67 (1876)

c) Klaviermusik
1. Zu zwei Händen:
   Sonate No. 1 in C-Dur, Op. 1 (1853)

137

Sonate No. 2 in fis-Moll, Op. 2 (1854)
Sonate No. 3 in f-Moll, Op. 5 (1854)
Scherzo in es-Moll, Op. 4 (1854)
Variationen über ein Thema von Schumann, Op. 9 (1854)
Variationen über ein eigenes Thema, Op. 21/1 (1861)
Variationen über ein ungarisches Thema, Op. 21/2 (1861)
Variationen über ein Thema von Händel, Op. 24 (1862)
Variationen über ein Thema von Paganini, Op. 35 (1866)
Vier Balladen, Op. 10 (1856)
Acht Klavierstücke, Op. 76 (1879)
Zwei Rhapsodien, Op. 79 (1880)
Sieben Fantasien, Op. 116 (1892)
Drei Intermezzi, Op. 117 (1892)
Sechs Klavierstücke, Op. 118 (1893)
Vier Klavierstücke, Op. 119 (1893)
Ungarische Tänze (zwei Hefte) (1872, Bearbeitung des vierhändigen Originals)
Zwei Giguen (nachgelassen, 1927)
Zwei Sarabanden (nachgelassen, 1917)
51 Klavierübungen (1893)
Kadenzen, Bearbeitungen usw.
2. Zu vier Händen:
Variationen über ein Thema von Schumann, Op. 23 (1863)
Walzer, Op. 39 (1866)
Ungarische Tänze, vier Hefte (1869, 1880)
(Liebesliederwalzer, Neue Liebeslieder, s. Gesangsquartette)
3. Für zwei Klaviere:
Sonate, f-Moll, Op. 34 (1871, auch Klavierquintett)
Variationen über ein Thema von Joseph Haydn, Op. 56b (1873, auch f. Orchester)

d) Musik für Orgel
Zwei Präludien und Fugen (nachgelassen, 1927)
Fuge in as-Moll (1864)
Choralvorspiel und Fuge über «O Traurigkeit, o Herzeleid» (1882)
Elf Choralvorspiele, Op. 122 (nachgelassen, 1902)

e) Werke für Chor und Orchester
1. Für gemischten Chor:
Ein deutsches Requiem, Op. 45 (1868)
Schicksalslied, Op. 53 (1871)
Triumphlied, Op. 55 (1872)
Nänie, Op. 82 (1881)
Gesang der Parzen, Op. 89 (1883)
Begräbnisgesang, Op. 13 (mit Bläsern, 1860)
2. Für Frauenchor:
Ave Maria, Op. 12 (mit Orchester oder Orgel, 1860)
3. Für Männerchor:
Rinaldo, Kantate für Tenor, Männerchor und Orchester, Op. 50 (1869)
Rhapsodie für Altsolo, Männerchor und Orchester, Op. 53 (1870)

f) Mehrstimmige Vokalmusik ohne Orchester
1. Für gemischte Stimmen mit Begleitung:
Geistliches Lied, Op. 30, mit Orgel oder Klavier (1864)

Drei Gesangsquartette mit Klavier, Op. 31 (1864)
Drei Gesangsquartette mit Klavier, Op. 64 (1874)
Vier Gesangsquartette mit Klavier, Op. 92 (1884)
Sechs Gesangsquartette mit Klavier, Op. 112 (1891)
Liebeslieder-Walzer, mit Klavier zu vier Händen, Op. 52 (1869)
Neue Liebeslieder, mit Klavier zu vier Händen, Op. 65 (1875)
Zigeunerlieder, mit Klavier, Op. 103 (1888)
Tafellied, Op. 93 b (1885)
Kleine Hochzeitskantate (nachgelassen, 1927)
2. Für gemischte Stimmen ohne Begleitung:
Marienlieder, Op. 22 (1862)
Zwei Motetten, Op. 29 (1864)
Zwei Motetten, Op. 74 (1879)
Drei Motetten, Op. 110 (1890)
Fest- und Gedenksprüche, Op. 109 (1890)
Drei Gesänge, Op. 42 (1864)
Sieben Lieder, Op. 62 (1874)
Sechs Lieder und Romanzen, Op. 93 a (1884)
Fünf Gesänge, Op. 104 (1889)
Vierzehn Deutsche Volkslieder (1864)
Zwölf Deutsche Volkslieder (nachgelassen, 1927)
Kanons usw. (nachgelassen, 1927)
3. Für Frauenstimmen mit Begleitung:
Der 23. Psalm, Op. 27, mit Orgel oder Klavier (1864)
Vier Gesänge mit zwei Hörnern und Harfe, Op. 17 (1862)
4. Für Frauenstimmen ohne Begleitung:
Drei geistliche Chöre, Op. 37 (1866)
Zwölf Lieder und Romanzen, Op. 44 (1866)
Dreizehn Kanons, Op. 113 (1891)
5. Für Männerstimmen ohne Begleitung:
Fünf Lieder, Op. 41 (1867)

g) Lieder für eine Singstimme mit Klavierbegleitung
Sechs Gesänge, Op. 3 (1853)
Sechs Gesänge, Op. 6 (1853)
Sechs Gesänge, Op. 7 (1854)
Acht Lieder und Romanzen, Op. 14 (1860)
Fünf Gedichte, Op. 19 (1862)
Neun Lieder und Gesänge, Op. 32 (1864)
Fünfzehn Romanzen aus Tieck's «Magelone», Op. 33 (1865–1869)
Vier Gesänge, Op. 43 (1868)
Vier Lieder, Op. 46 (1868)
Fünf Lieder, Op. 47 (1868)
Sieben Lieder, Op. 48 (1868)
Fünf Lieder, Op. 49 (1868)
Acht Lieder und Gesänge, Op. 57 (1871)
Acht Lieder und Gesänge, Op. 58 (1871)
Acht Lieder und Gesänge, Op. 59 (1873)
Neun Lieder und Gesänge, Op. 63 (1877)
Neun Gesänge, Op. 69 (1877)
Vier Gesänge, Op. 70 (1877)
Fünf Gesänge, Op. 71 (1877)
Fünf Gesänge, Op. 72 (1877)
Fünf Romanzen und Lieder, für eine oder zwei Singstimmen, Op. 84 (1882)

Sechs Lieder, Op. 85 (1882)
Sechs Lieder, Op. 86 (1882)
Zwei Gesänge für Alt mit Bratsche und Klavier, Op. 91 (1884)
Fünf Lieder für eine tiefe Stimme, Op. 94 (1884)
Sieben Lieder, Op. 95 (1884)
Vier Lieder, Op. 96 (1886)
Sechs Lieder, Op. 97 (1886)
Fünf Lieder für eine tiefere Stimme, Op. 105 (1889)
Fünf Lieder, Op. 106 (1889)
Fünf Lieder, Op. 107 (1889)
Vier ernste Gesänge für eine Baßstimme, Op. 121 (1896)
→ Acht Zigeunerlieder aus Op. 103, bearbeitet (Orig. für Gesangsquartett)
Mondnacht (1854)
Regenlied (nachgelassen, 1908)
Neunundvierzig deutsche Volkslieder, sieben Hefte (1894)
Achtundzwanzig Volkslieder (nachgelassen, 1926)
Vierzehn Volks-Kinderlieder (1858)

h) Duette für zwei Singstimmen mit Klavierbegleitung
Drei Duette für Sopran und Alt, Op. 20 (1861)
Vier Duette für Alt und Bariton, Op. 28 (1864)
Vier Duette für Sopran und Alt, Op. 61 (1874)
Fünf Duette für Sopran und Alt, Op. 66 (1875)
Vier Balladen und Romanzen für zwei Singstimmen, Op. 75 (1878)

DISCOGRAPHISCHE NOTIZ

Brahms' Werk ist auf Schallplatten breit und vorzüglich dokumentiert. Statt einer Aufzählung der Aufnahmen sei auf den Bielefelder Katalog (Katalog der Schallplatten klassischer Musik) hingewiesen, der alle wünschenswerten Angaben über diese Aufnahmen auf achtzehn engbesetzten Spalten gibt. Von 122 Opus-Zahlen fehlt kaum ein Dutzend. Die Wiedergaben der vier Symphonien in Aufnahmen mit Herbert von Karajan und den Berliner Philharmonikern (DG), Otto Klemperer und dem Philharmonia Orchestra London (Elec), Rafael Kubelik und den Wiener Philharmonikern (Dec), Eduard Lindenberg und der Nordwestdeutschen Philharmonie (Elec) und Bruno Walter und dem Columbia Symphonie Orchester (CBS) sind pauschal nicht gegeneinander abzugrenzen. Für die «klassischen» Symphonien, die zweite und die dritte, sind die Aufnahmen mit den Berliner Philharmonikern in ihrer Geschlossenheit unnachahmlich, während die erste Symphonie ihre bewegendste Wiedergabe nach meiner Ansicht durch die Wiener Philharmoniker unter Rafael Kubelik findet. Bei Abschluß der Arbeiten an dieser Monographie waren die Toscanini-Aufnahmen der Symphonien noch nicht wieder auf dem Markt, wenngleich die Toscanini-Edition gerade angekündigt wurde. Aus älteren Aufnahmen läßt sich aber schließen, daß hier Aufnahmen wieder aufgelegt werden, an denen man nicht vorübergehen sollte. Toscanini, so kommt es einem beim Anhören seiner Brahms-Wiedergaben vor, war eine Art späterer Bülow. Seine unerbittliche Werktreue ist der Brahmschen Werkgenauigkeit hoch angemessen.

Einige Aufnahmen, die stellvertretend für einzelne Werkgruppen stehen können und die dem Referenten als eindrucksvoll erschienen, seien noch erwähnt: Als Einführung in das Lieder-Werk des Komponisten können die Aufnahmen mit Dietrich Fischer-Dieskau und Elisabeth Schwarzkopf – gerade sie trifft den «Volkston» hervorragend – «Deutsche Volkslieder» (EMI) gelten, und von bewegendem Reiz ist die Aufnahme «Dietrich Fischer-Dieskau singt Lieder des jungen Brahms» (EMI). Im Gegensatz zu den Liedern ist das Chorwerk über die Schallplattenwiedergabe, auch bei guten Lautsprechern, nur unzureichend zu rezipieren. Bei den Wiedergaben des *Deutschen Requiems* (es gibt deren sieben) hat die Aufnahme mit Ernest Ansermet (Decca) deshalb einen gewissen Vorzug, weil der Requiem-Wiedergabe eine Wiedergabe von op. 82 *Nänie* angeschlossen ist, ein Werk, von dem eine andere Aufnahme nicht existiert und das doch hörenswert ist.

Die Klavierkonzerte sind in Kassetten, einmal mit Claudio Arrau (Phi) und einmal mit Artur Rubinstein (RCA) erschienen. Man weiß nicht, welche Wiedergabe mehr zu bewundern ist. Beide erreichen es, die innere Spannung der Konzerte hörbar zu machen, wobei Rubinstein ein wenig mehr Eigenfärbung hinzugeben mag, was sich Arrau immer versagen würde. Fast unnötig zu sagen, daß es noch zwei Dutzend sehr guter Einzelaufnahmen der Konzerte mit beinahe allen großen Pianisten gibt.

Ebenso sind die großen Geiger beim Violinkonzert versammelt, von Christian Ferras (DG und Dec) bis David Oistrach (Euro und Elec) und Henryk Szeryng (Phil). Mit Henryk Szeryng und János Starker gibt es neuerdings eine Aufnahme des *Doppelkonzerts* (Phil) von großer Kraft und Präzision.

Noch ein Wort zur Kammermusik: Zwei Ensembles sind für die Wiedergabe der großen Kammermusikwerke von außergewöhnlicher Bedeutung: Das Ungarische Streichquartett mit den *Klavierquartetten*, dem *Klavierquintett* und dem *Scherzo für Klavier* mit Georges Solchany (Elec, EMI), den *Streichquartetten* und dem *Klarinettenquintett* (Elec). Außerdem, und nicht etwa an zweiter Stelle, das Amadeus-Quartett, dessen Wiedergabe des *Klarinettenquintetts* mit Karl Leister, Klarinette, zu den schönsten Aufnahmen Brahmsscher

Kammermusik überhaupt gehört (DG). Nicht mehr im Handel sind die Aufnahmen, beispielsweise des *Streichquartetts op. 67*, mit dem Quartetto Italiano (Col), die von bedeutender Schönheit und Eindringlichkeit waren. Hier wäre auch einmal eine Wiederaufnahme zu wünschen.

Das letzte große Werk von Brahms, die *Vier ernsten Gesänge*, wird leider nicht mehr auf einer einzelnen Schallplatte – früher war es auf einer 25-cm-Platte möglich – gebracht. Das Werk ist aber in der überzeugenden Aufnahme mit Dietrich Fischer-Dieskau im Anschluß an die Wiedergabe des *Deutschen Requiems* (DG) zu erhalten.

NAMENREGISTER

143

ÜBER DEN AUTOR

Hans A. Neunzig, geboren 1932 in Meißen/Sachsen. Humanistisches Gymnasium in Detmold. Buchhandelslehre. Verlagslektor und Übersetzer, schreibt in Zeitungen und Zeitschriften, vor allem über Kulturpolitik, Musik und Medienkritik. Mehrjährige Tätigkeit als Verlagsleiter in Hamburg, von Mitte 1972 an als Stellvertreter des Verlegers in einem Münchner Verlag.

QUELLENVERZEICHNIS DER ABBILDUNGEN

BRAHMS DISKOTHEK

Die Klavierkonzerte
Emil Gilels, Klavier · Berliner Philharmoniker
Dirigent: Eugen Jochum
2 LP Stereo 2707 064 · Geschenkkassette mit illustriertem Begleitheft

Ein Deutsches Requiem op. 45
Edith Mathis, Sopran · Dietrich Fischer-Dieskau, Bariton
Edinburgh Festival Chorus · London Philharmonic Orchestra
Dirigent: Daniel Barenboim

Vier Ernste Gesänge op. 121
Dietrich Fischer-Dieskau, Bariton · Daniel Barenboim, Klavier
2 LP Stereo 2707 066 · Geschenkkassette mit illustriertem Textheft

Deutsche Volkslieder
Hermann Prey, Bariton · Karl Engel, Klavier
1 LP Stereo 139 375

im Rahmen unserer Jubiläums-Edition
„Die Welt der Symphonie"

Vier Symphonien
Wiener Philharmoniker · Berliner Philharmoniker
Staatskapelle Dresden · London Symphony Orchestra
Dirigent: Claudio Abbado
4 LP Stereo 2720 061* Geschenkkassette mit illustriertem Begleitheft
*Vorzugsangebot bis Frühjahr 1974
danach als Einzelveröffentlichung erhältlich

Deutsche
Grammophon

rowohlts monographien

BEDEUTENDE PERSÖNLICHKEITEN
DARGESTELLT IN SELBSTZEUGNISSEN UND BILDDOKUMENTEN
HERAUSGEGEBEN VON KURT KUSENBERG

E/III

MARX / Werner Blumenberg [76]
NIETZSCHE / Ivo Frenzel [115]
PASCAL / Albert Béguin [26]
PLATON / Gottfried Martin [150]
ROUSSEAU / Georg Holmsten [191]
SCHLEIERMACHER / Friedrich Wilhelm Kantzenbach [126]
SCHOPENHAUER / Walter Abendroth [133]
SOKRATES / Gottfried Martin [128]
SPINOZA / Theun de Vries [171]
RUDOLF STEINER / J. Hemleben [79]
VOLTAIRE / Georg Holmsten [173]
SIMONE WEIL / A. Krogmann [166]

RELIGION

SRI AUROBINDO / Otto Wolff [121]
KARL BARTH / Karl Kupisch [174]
JAKOB BÖHME / Gerhard Wehr [179]
MARTIN BUBER / Gerhard Wehr [147]
BUDDHA / Maurice Percheron [12]
EVANGELIST JOHANNES / Johannes Hemleben [194]
FRANZ VON ASSISI / Ivan Gobry [16]
JESUS / David Flusser [140]
LUTHER / Hanns Lilje [98]
THOMAS MÜNTZER / Gerhard Wehr [188]
PAULUS / Claude Tresmontant [23]
TEILHARD DE CHARDIN / Johannes Hemleben [116]

GESCHICHTE

AUGUST BEBEL / Helmut Hirsch [196]
BISMARCK / Wilhelm Mommsen [122]
CAESAR / Hans Oppermann [135]
CHURCHILL / Sebastian Haffner [129]
FRIEDRICH II. / Georg Holmsten [159]
GUTENBERG / Helmut Presser [134]
HO TSCHI MINH / Reinhold Neumann-Hoditz [182]
WILHELM VON HUMBOLDT / Peter Berglar [161]
KARL DER GROSSE / Wolfgang Braunfels [187]
LENIN / Hermann Weber [168]
ROSA LUXEMBURG / Helmut Hirsch [158]
MAO TSE-TUNG / Tilemann Grimm [141]

NAPOLEON / André Maurois [112]
RATHENAU / Harry Wilde [180]
KURT SCHUMACHER / H. G. Ritzel [184]
LEO TROTZKI / Harry Wilde [157]

PÄDAGOGIK

PESTALOZZI / Max Liedtke [138]

NATURWISSENSCHAFT

DARWIN / Johannes Hemleben [137]
EINSTEIN / Johannes Wickert [162]
GALILEI / Johannes Hemleben [156]
ALEXANDER VON HUMBOLDT / Adolf Meyer-Abich [131]
KEPLER / Johannes Hemleben [183]

MEDIZIN

ALFRED ADLER / Josef Rattner [189]
FREUD / Octave Mannoni [178]
C. G. JUNG / Gerhard Wehr [152]
PARACELSUS / Ernst Kaiser [149]

KUNST

DÜRER / Franz Winzinger [177]
MAX ERNST / Lothar Fischer [151]
KLEE / Carola Giedion-Welcker [52]
LEONARDO DA VINCI / Kenneth Clark [153]

MUSIK

BACH / Luc-André Marcel [83]
BEETHOVEN / F. Zobeley [103]
JOHANNES BRAHMS / Hans A. Neunzig [197]
ANTON BRUCKNER / Karl Grebe [190]
CHOPIN / Camille Bourniquel [25]
HÄNDEL / Richard Friedenthal [36]
FRANZ LISZT / Everett Helm [185]
MAHLER / Wolfgang Schreiber [181]
MOZART / Aloys Greither [77]
OFFENBACH / Walter Jacob [155]
SCHUMANN / André Boucourechliev [6]
RICHARD STRAUSS / Walter Deppisch [146]
TELEMANN / Karl Grebe [170]
VERDI / Hans Kühner [64]
WAGNER / Hans Mayer [29]

handbuch rororo

Zum Nachschlagen und Informieren

Literaturlexikon 20. Jahrhundert

in 3 Bänden. Die Weltliteratur des 20. Jahrhunderts in 2000 prägnanten Einzeldarstellungen von Erzählern, Dramatikern, Lyrikern, Essayisten, Literaturwissenschaftlern und Kritikern. Detaillierte Informationen über Leben, Werk und Wirkung. Umfassende Bibliographien zur Primär- und Sekundärliteratur [6161; 6162; 6163]

Lexikon der Kunststile

in 2 Bänden. Woran erkennt man, aus welcher Zeit ein Kunstwerk stammt? Die verschiedenen Kunstrichtungen in typischen Beispielen aus Architektur, Plastik, Malerei, Mode und Kunsthandwerk. Mit 322 Abbildungen, davon 253 in Farbe.

Band 1: Von der griechischen Archaik bis zur Renaissance [6132]

Band 2: Vom Barock bis zur Pop-art [6137]

Begriffslexikon der Bildenden Künste

in 2 Bänden. Die Fachbegriffe der Baukunst, Plastik, Malerei, Grafik und des Kunsthandwerks. Mit 800 Stichwörtern, über 250 Farbfotos, Gemäldereproduktionen, Konstruktionszeichnungen, Grundrissen und Detailaufnahmen.

Band 1: A–K [6142]

Band 2: L–Z [6147]

Lexikon der Völker und Kulturen

in 3 Bänden. Erarbeitet auf der Grundlage der Texte von Prof. Dr. Waldemar Stöhr im Westermann-Lexikon der Geographie. Mit 190 meist mehrfarbigen Abb. u. Karten im Text [6158; 6159; 6160]

rororo Schauspielführer von Aischylos bis Peter Weiss

Hg. von Dr. Felix Emmel. Mit Einführungen in die Literaturepochen, in Leben und Werke der Autoren; 100 Rollen- und Szenenfotos. Anhang: Fachwörterlexikon, Autoren- u. Werkregister [6039]

Künstlerlexikon

985 Biographien der großen Maler, Bildhauer, Baumeister und Kunsthandwerker. Mit 290 Werkbeispielen, davon 245 in Farbe.

Band 1: [6165 – Mai 73]

Band 2: [6166 – Juni 73]

Marxistisch-leninistisches Wörterbuch der Philosophie

in 3 Bänden. Hg. von Georg Klaus und Manfred Buhr [6155; 6156; 6157]

Theodor W. Adorno

rowohlts deutsche enzyklopädie

Einleitung in die Musiksoziologie

Zwölf theoretische Vorlesungen

«rowohlts deutsche enzyklopädie» Band 292/93

Nervenpunkte der Neuen Musik

Ausgewählt aus Klangfiguren

«rowohlts deutsche enzyklopädie» Band 333

Klassiker

der Literatur und der Wissenschaft
mit Biographie · Bibliographie · Essays

Herausgegeben von Prof. Ernesto Grassi
unter Mitarbeit von Walter Hess

Verzeichnis aller lieferbaren Werke:

WACKENRODER, WILHELM HEINRICH
Sämtliche Schriften. Hg.: Karl Otto Conrady [506]

WIELAND, CHRISTOPH MARTIN Aufsätze zu Literatur und Politik. Hg.: Dieter Lohmeier [535]

Französische Literatur

FRANCE, ANATOLE Die rote Lilie [153]

LAFAYETTE, MADAME DE Die Prinzessin von Cleve – Die Prinzessin von Montpensier [28]

LE SAGE Die Geschichte des Gil Blas von Santillana [127]

TOCQUEVILLE, ALEXIS DE Der alte Staat und die Revolution [234]

Griechische Literatur und Philosophie

AISCHYLOS Tragödien und Fragmente [213]

ARISTOTELES Texte zur Logik / Griechisch und Deutsch. Elemente der Aristotelischen Logik [220] – Über die Seele [226]

HELIODOR Aithiopika – Die Abenteuer der schönen Chariklea. Ein griechischer Liebesroman [120]

HIPPOKRATES Schriften / Die Anfänge der abendländischen Medizin [108]

HOMER Die Odyssee / Übersetzt in deutsche Prosa von Wolfgang Schadewaldt [29]

PLATON Sämtliche Werke / Herausgegeben von Walter F. Otto, Ernesto Grassi, Gert Plamböck – Band I: Apologie, Kriton, Protagoras, Ion, Hippias II, Charmides, Laches, Euthyphron, Gorgias, Briefe [1] – Band II: Menon, Hippias I, Euthydemos, Menexenos, Kratylos, Lysis, Symposion [14] – Band III: Phaidon, Politeia [27] – Band IV: Phaidros, Parmenides, Theaitetos, Sophistes [39] – Band V: Politikos, Philebos, Timaios, Kritias [47] – Band VI: Nomoi [54]

Italienische Literatur und Philosophie

BRUNO, GIORDANO Heroische Leidenschaften und individuelles Leben [16]

CELLINI, BENVENUTO – sein Leben von ihm selbst geschrieben / Übersetzt und herausgegeben von Goethe [22]

GOLDONI, CARLO Herren im Haus / Viel Lärm in Chiozza. Zwei Komödien [132]

Östliche Literatur und Philosophie

AUROBINDO, SRI Der integrale Yoga [24]

Römische Literatur

CAESAR, C. JULIUS Der Gallische Krieg [175]

CICERO Der Staat [162] – Über die Gesetze [239]

HORAZ Episteln / Lateinisch und Deutsch [144]

MARC AUREL Wege zu sich selbst [181]

SALLUST Die Verschwörung des Catilina / Lateinisch und Deutsch [165]

Russische Literatur

DOSTOJEVSKIJ, F. M. Der ewige Gatte [216]

GORKIJ, MAXIM Volk vor der Revolution / Erzählungen [134]

TOLSTOJ, LEO N. Dramen: Macht der Finsternis / Der lebende Leichnam / Und das Licht scheinet in der Finsternis / Er ist an allem schuld / Bäcker Petrus / Der erste Branntweinbrenner [203]

Spanische Literatur

GRACIAN, BALTASAR Criticón oder Über die allgemeinen Laster des Menschen [2]

Philosophie des Humanismus und der Renaissance

DER UTOPISCHE STAAT – THOMAS MORUS, Utopia / TOMMASO CAMPA-NELLA, Sonnenstaat / FRANCIS BACON, Neu-Atlantis / Herausgegeben von Klaus J. Heinisch [68]

Philosophie der Neuzeit

KIERKEGAARD, SÖREN Werke / In neuer Übertragung von Liselotte Richter – Band II: Die Wiederholung / Die Krise und eine Krise im Leben einer Schauspielerin / Mit Erinnerungen an Kierkegaard von Hans Bröchner [81] – Band III: Furcht und Zittern / Mit Erinnerungen an Kierkegaard von Hans Bröchner [89]

MARX, KARL Texte zu Methode und Praxis I: Jugendschriften 1835–1841 [194] – II: Pariser Manuskripte 1844 [209] – III: Der Mensch in Arbeit und Kooperation. Aus den Grundrissen der Kritik der politischen Ökonomie 1857/58 [218]

VICO, GIAMBATTISTA Die neue Wissenschaft über die gemeinschaftliche Natur der Völker [196]

Texte des Sozialismus und Anarchismus

BAKUNIN, MICHAIL – Gott und der Staat und andere Schriften. Hg.: Susanne Hillmann [240]

BERNSTEIN, EDUARD – Die Voraussetzungen des Sozialismus und die Aufgaben der Sozialdemokratie. Hg.: Günter Hillmann [252]

BLANQUI, LOUIS-AUGUSTE – Schriften zur Revolution. Nationalökonomie und Sozialkritik. Hg.: Arno Münster [267]

BUCHARIN, NIKOLAJ IWANOWITSCH – Ökonomik der Transformationsperiode. Hg.: Günter Hillmann [261]

Die Frühsozialisten 1789–1848 II. Hg.: Michael Vester [280]

Die Rätebewegung I u. II. Hg.: Günter Hillmann [277 u. 269]

Die russische Arbeiteropposition. Die Gewerkschaften in der Revolution. Hg.: Gottfried Mergner [291]

● ENGELS, FRIEDRICH – Studienausgabe 1 u. 2. Hg.: Hartmut Mehringer und Gottfried Mergner [292 u. 293]

● Studienausgabe 3 u. 4 [295 u. 296 – März 1973]

● DEBATTE UM ENGELS 1, Weltanschauung, Naturerkenntnis, Erkenntnistheorie. Hg.: Hartmut Mehringer und Gottfried Mergner [294 – Febr. 1973]

● DEBATTE UM ENGELS 2, Philosophie der Tat, Emanzipation, Utopie [297 – April 1973]

Gruppe Internationale Kommunisten Hollands. Grundprinzipien kommunistischer Produktion und Verteilung. Intelligenz im Klassenkampf und andere Schriften. Hg.: Gottfried Mergner [285]

KROPOTKIN, PETER Worte eines Rebellen. Hg.: Dieter Marc Schneider [290]

● LASSALLE, FERDINAND – Arbeiterlesebuch und andere Studientexte. Hg.: Wolf Schäfer [289]

LENIN, WLADIMIR ILJITSCH – Für und wider die Bürokratie. Schriften und Briefe 1917–1923. Hg.: Günter Hillmann [246]

LUXEMBURG, ROSA – Schriften zur Theorie der Spontaneität. Hg.: Susanne Hillmann [249]
– Einführung in die Nationalökonomie. Hg. Karl Held [268]

Pariser Kommune 1871 I. Texte von Bakunin, Kropotkin und Lavrov. II. Texte von Marx, Engels, Lenin und Trotzki. Hg.: Dieter Marc Schneider [286 u. 287]

PROUDHON, PIERRE-JOSEPH – Bekenntnisse eines Revolutionärs, um zur Geschichtsschreibung der Februarrevolution beizutragen. Hg.: Günter Hillmann [243]

RÜHLE, OTTO – Schriften. Perspektiven einer Revolution in hochindustrialisierten Ländern. Hg.: Gottfried Mergner [255]
– Baupläne für eine neue Gesellschaft. Hg.: Henry Jacoby [288]

STALIN, JOSEF W. – Schriften zur Ideologie der Bürokratisierung. Hg.: Günter Hillmann [258]

TROTZKI, LEO – Schriften zur revolutionären Organisation. Hg.: Hartmut Mehringer [270]
– Stalin. Hg.: Hartmut Mehringer. Band I [283]; Band II [284]

WEITLING, WILHELM – Das Evangelium des armen Sünders / Die Menschheit, wie sie ist und wie sie sein sollte. Hg.: Wolf Schäfer [274]

● Neuerscheinungen

Erzählungen großer Autoren unserer Zeit in Sonderausgaben

JAMES BALDWIN · Gesammelte Erzählungen

GOTTFRIED BENN · Sämtliche Erzählungen

ALBERT CAMUS · Gesammelte Erzählungen

TRUMAN CAPOTE · Gesammelte Erzählungen

ROALD DAHL · Gesammelte Erzählungen

ALFRED DÖBLIN · Gesammelte Erzählungen

ERNEST HEMINGWAY · Sämtliche Erzählungen

KURT KUSENBERG · Gesammelte Erzählungen

D. H. LAWRENCE · Gesammelte Erzählungen

HENRY MILLER · Sämtliche Erzählungen

YUKIO MISHIMA · Gesammelte Erzählungen

ROBERT MUSIL · Sämtliche Erzählungen

VLADIMIR NABOKOV · Gesammelte Erzählungen

JEAN-PAUL SARTRE · Gesammelte Erzählungen

JAMES THURBER · Gesammelte Erzählungen

JOHN UPDIKE · Gesammelte Erzählungen

THOMAS WOLFE · Sämtliche Erzählungen

Rowohlt Verlag

367/13

Die russische Arbeiteropposition Die Gewerkschaften in der Revolution. Hg.: Gottfried Mergner [291]

Michail Bakunin Gott und der Staat und andere Schriften. Hg.: Susanne Hillmann [240]

Eduard Bernstein Die Voraussetzungen des Sozialismus und die Aufgaben der Sozialdemokratie. Hg.: Günter Hillmann [252]

Louis-Auguste Blanqui Schriften zur Revolution. Nationalökonomie und Sozialkritik. Hg.: Arno Münster [267]

Nikolaj Bucharin Ökonomik der Transformationsperiode. Hg.: Günter Hillmann [261]

Friedrich Engels Studienausgabe 1 u. 2. Hg.: Hartmut Mehringer und Gottfried Mergner [292 u. 293]
– Studienausgabe 3 u. 4 [295 u. 296 – März 1973]
– Debatte um Engels 1. Weltanschauung, Naturerkenntnis, Erkenntnistheorie [294 – Februar 1973]
– Debatte um Engels 2. Philosophie der Tat, Emanzipation, Utopie [297 – April 1973]

Die Frühsozialisten 1789–1848 II. Hg.: Dr. Michael Vester [280]

Gruppe Internationale Kommunisten Hollands Grundprinzipien kommunistischer Produktion und Verteilung. Intelligenz im Klassenkampf und andere Schriften. Hg.: Gottfried Mergner [285]

Ferdinand Lassalle Arbeiterlesebuch und andere Studientexte. Hg.: Wolf Schäfer [289]

Rosa Luxemburg Schriften zur Theorie der Spontaneität. Hg.: Susanne Hillmann [249]
– Einführung in die Nationalökonomie. Hg.: Karl Held [268]

Pariser Kommune 1871
I Texte von Bakunin, Kropotkin und Lavrov. Hg.: Dieter Marc Schneider [286]
– II Texte von Marx, Engels, Lenin und Trotzki. Hg.: Dieter Marc Schneider [287]

Pierre-Joseph Proudhon Bekenntnisse eines Revolutionärs, um zur Geschichtsschreibung der Februarrevolution beizutragen. Hg.: Günter Hillmann [243]

Die Rätebewegung I. u. II. Hg.: Günter Hillmann [277 u. 269]

Otto Rühle Schriften. Perspektiven einer Revolution in hochindustrialisierten Ländern. Hg.: Gottfried Mergner [255]
– Baupläne für eine neue Gesellschaft. Hg.: Henry Jacoby [288]

Peter Kropotkin Worte eines Rebellen. Hg.: Dieter Marc Schneider [290]

Josef W. Stalin Schriften zur Ideologie der Bürokratisierung. Hg.: Günter Hillmann [285]

Leo Trotzki Schriften zur revolutionären Organisation. Hg.: Hartmut Mehringer [270]
– Stalin
Eine Biographie I. und II. Hg.: Hartmut Mehringer [283 u. 284]

Wilhelm Weitling Das Evangelium des armen Sünders / Die Menschheit, wie sie ist und wie sie sein sollte. Hg.: Wolf Schäfer [274]